朝日新書
Asahi Shinsho 290

消える大学 生き残る大学

木村　誠

朝日新聞出版

はじめに

「栄華の巷《ちまた》低く見て」——。明治35（1902）年につくられた一高寮歌『嗚呼玉杯』の一節だ。ご承知のように旧制一高は現在の東京大学で、「低く見た」世間からすれば大学は「象牙の塔」である。だが、そんなイメージは、この歌ができてから100年以上もたった今、完全に消滅したはずである。しかし、大学教員の中にはまだその残像を求めている人が、絶滅寸前ではあるが残っている。彼らにとって、最近の大学の動きは許しがたいものであろう。そうしたエリート意識が、現在の大学の困難を生んでいる一つの要素となっている。

半面、あまりに世情に寄り添い、一般企業のように行政や産業経済の動きに振り回されている大学の姿勢が、結局自分の首を絞めている。そんな印象もある。

大学はエリート主義でもなく擬似企業体でもなく、第3の道を探るべき時が来ている。

生き残れる大学とは、自らその道を切り開いた大学であろう。

国立大学は深く論議されないまま行財政改革の一環として2004年度に法人化され、その1年後には最大の収入源である国からの運営費交付金を毎年減らされ、現場の貧窮化が進んでいる。

公立大学も地方財政難で締め付けがきびしい。しかし、私大並みの学費が取れる「公設民営の私立大学」として発足したものの定員割れが続き、やむなく公立大学に転身するところも出てきた。

私立大学は全体の4割が定員割れという状況だ。大都市の有名私立大学はあの手この手で志願者を集めようとしており、結果的に定員超過のケースも多い。そのあおりを地方私立大学が受けている。

また国も18歳人口が減ることを承知で、私立大学や公立大学の新増設を認めてきた。地方自治体が土地や補助金などを出して後押しする公私協力方式の私立大学も少なくない。医・歯・薬系学部は、国が定員を抑制したり逆に大幅増をあおったり、その長期的展望のない場当たり政策に振り回されてきた。それに安易に乗った大学の自己責任なのかもしれないが、犠牲になっているのは学生だ。法科大学院についても、同様だ。

これらの背景には、文部科学省、厚生労働省、法務省などが、大学教育の統一した展望に欠け、政策の調整をしてこなかった現実がある。縦割り行政の弊害である。

話題になる就活についても、大学の就職力が注目されているが、現在の就職難は不景気の波をもろに受けたことが最大の要因であろう。しかし、大学卒業生が同世代の半数を超すことになることはだれでも推測できたのに、国は新増設をどんどん認めてしまった。その受け皿となる就職という出口で、それに見合う職業構造の改革をおざなりにしてしまった。派遣労働の規制緩和で、大卒の非正規労働者を大量に生み出しただけである。

定員割れにおびやかされている大学にできるのは、自学の魅力をアップさせることしかない。受験生にとっては、その大学に入学して何が得られるか、ということに尽きるであろう。

何を学生に与えられるか、それが結局、その大学が生き残れる条件といえる。

その意味では、大幅な定員割れが続いている大学は、受験生のニーズを汲《く》み取れず、魅力のある大学づくりがうまくいっていない大学といえるであろう。そのため志願者を集めきれないで、入学定員充足率が数年マイナスのようだと、定員割れが深刻化し、当然予定された学生納付金も入らず、学校経営も厳しくなる。

2010年度に五つの私立大学が募集停止をし、2011年度も募集を停止する大学が出ている。これも定員割れによる経営悪化が主な原因だ。大学は在学生を抱えているので、募集停止をしても、現1年生が卒業するまでの4年間は閉鎖はしない。だから一般企業のようにいきなり倒産、従業員全員解雇というような事態は生まれにくいが、募集停止に追いこまれ、静かに消えていく大学は確実に増えていく。

これは私立大学だけの問題ではない。国公立大学でも、財政的な視点や政策的な意図から、実質的に吸収合併されて消えていく大学は出てくる。現に国公立大学で、母校がなくなり嘆くOBが生まれている。

まさに今や、大学の本格的淘汰の時代に入っているといってまちがいない。2010年度の学校基本調査では、日本には国立大学が86校、公立大学が95校、私立大学が597校、合計778の大学がある（ただし公立大学は統合化で実質80校になっている）。

本書は、淘汰されて消える大学の背景はなにかを探り、そして、今なお生き残りをかけて奮闘している大学を取材して、その実態をレポートした。また、大学経営の実情を見抜くための指標も紹介する。受験生とその親、大学生や高校・大学など教育関係者、大学に関心のある企業の方のお目に留まることを切に願っている。

消える大学　生き残る大学

目次

第4章　6年制で分かれた医・歯・薬学部の明暗　

第1章　短絡的な競争原理にさらされる国立大学

法人化以前の国立大学は国の機関であり、収支も予算で決まるから年度内に帳尻を合わせなければならず、教職員は国家公務員であった。ところが2004年度から法人化し、翌2005年度からは国から行政法人に支給される運営費交付金や人件費の削減が決まった。法人になって、運営の自由裁量は増したが、経費節減のため現場は金欠状態に陥っている。

一方、国の企画に大学が応募して支給が決定される「競争的資金」の割合が増えた。ところがこれらの資金の多くは5年以下の期間限定のため、その期間が終了すると国の補助はなくなる。継続するなら大学は他の財源から、その資金をひねり出さなければならない。そして、また新たな競争的資金ゲットのために頑張るしかない。自転車操業に近い状態だ。

法人化1期（国との契約期間みたいなもの、2004~2009年度の6年間）が終わり、2期目に入った2010年には現状を見直すべきだという意見も増えている。

ミニ国立大学20校分が消えた計算

独立行政法人には国から運営費交付金が支払われることになっており、国立大学法人も例外ではない。年度ごとに、運営費交付金が各大学に一定の算定基準に基づいて支払われる。法人化以前の国家予算と違って、国立大学法人にとって、運営費交付金は年度にしばられない「渡しきり」で、原則、使い途も限定されない使い勝手のよい資金である。

人件費、一般管理費、学部・大学院などの教育研究経費、付属病院の経費などの事業経費に対して自己収入分を差し引いて交付されるのが運営費交付金である。法人化したとはいえ、国からのこの運営費交付金が大きな財政的柱である。基本的には大学の教育研究事業と、その施設の整備などの必要経費に充《あ》てられる。自己収入の内訳は後述する（25ページ）。

ところが法人化1年後の2005年度から、この国立大学法人運営費交付金の毎年1％削減が、小泉政権の「政府予算骨太方針」で決まった。法人化は、公的資金の削減と一体の形で推進されることになったのである。

自民党政権が長かった2005年度から2009年度までの5年間、毎年1％削減が続けられた結果、運営費交付金は2004年と比べ合計830億円も削減された。予算規模40億円程度の小規模な国立大学が、約20校も消滅した計算になる。

国立大学法人では、運営費交付金が平均して収入の50％強を占める。同じ1％の削減率でも、私立大学への公的助成は収入の11％しかないので、財政が受ける打撃は全く違う。民主党政権での2011年度予算では1％から半減し、約0・5％の削減率になっている。しかし、過去の予算削減の累積もあり、半減とはいえ削減は続けられるのだから、受けた打撃はとても回復できない。財政的締め付けが続いた結果、国立大学の窮乏化は進んだ。

全国の主に国公立大学教職員が参加する全国大学高専教職員組合員を対象にした調査報告では、次のような事態に陥っている。

・教育研究用の分析機器が買い替えできず老朽化が著しく、そのために修理に時間をとられ、深夜に及ぶことがある。
・学会の委員長でありながら旅費が出ないため、出席できない。
・ワイヤレスマイクが故障したが修理代がないので、ラジカセで代用している。
・実験のための機材は他大学や業者から借りている。また定年退職の教員の補充をせず、今まで開講していた授業の閉鎖が続く。
・法人化前に10人いた英語の非常勤講師が、今や1人になり授業数は半減した。

・法人化によって事務的作業の割合が非常に増加し、絶えずパソコンの前でメールのやりとりや会議用資料の作成に時間がとられている。学生のための授業準備は深夜になり、もう身体が持たない。
・改修されない大学図書館は書籍が平積み状態。学生は近くの自治体図書館を利用している。
・学生寮を改修のため空けておいたが、結局その費用が出ず、ついに廃屋となって再入居不能になってしまった。
・光熱費と定期購読雑誌代を払うと、研究費が残らない。
・校費の減少で学生へのプリント代もままならない。
・学科構成員のほとんどが夜遅くまで働き、8時間労働などまったく守られていない。中にはストレスで発病し、長期入院の事例が増えている。
そんな悲惨な状況が報告されている。

法人化は国からの押し付けだった

では、この法人化と運営費交付金の削減は、なぜほぼ同時にスタートしたのか。

実は2004年の国立大学法人化は、公務員削減を目指す行財政改革の一環として行われた。天野郁夫東京大学名誉教授は、著書『国立大学・法人化の行方』の中で、「国家による行財政改革の一環として、大学側の意向と関わりなく強行されることになった。すなわち文部科学省からの国立大学の切り離し、法人化は、財政面での自立化、具体的には投入される公的資金の削減と一体の形で推進されることになったのである」と述べている。

まず法人化で、大学の自由裁量を強める代わりに、予算を削り、その分、経営努力で何とかせよ、というわけだ。人件費も削るというのだから、リストラをねらっていることははっきりしている。しかし、もちろん国も正直にリストラだとはいわない。

文部科学省の「国立大学法人法の骨子」の建前は立派である。

①自律的な運営を確保し、国の行政組織の一部から各大学に独立した法人格を与えられる。予算・組織などの規制は大幅に縮小し、大学の責任において決定する。

②「役員会」制の導入により、トップマネジメントを進め、全学的観点から運営する「経営協議会」を置く。

③学外有識者・専門家を役員に招く学外役員制度を導入し、「経営協議会」や「学長選考会議」などにも学外者が参画する。

④各大学の責任で能力・業績に応じた給与システムを導入し、兼職などの規制をなくして産学連携をしやすくする。また学長の任命権によって事務職を含め全学的な人事体制を確立する。

⑤大学の教育研究実績を第三者機関により評価し、その評価を大学内の資源配分に確実に反映し、またそれらを情報公開する。

先出の天野郁夫名誉教授はこれを「『知の共同体』から『知の経営体』への転換」と表現している。戦後の学部自治をベースにしたボトムアップ型の大学運営から、学長を中心にした執行部が権限と責任を持って、大学を管理運営する経営組織に転換する、ということである。

こうして運営費交付金の削減が始まった2005年度から、国立大学の苦難の季節が始まるのである。

旧帝大系学長はご満足、学部長は不満組多し

2009年に、国立大学財務・経営センターが、すべての国立大学の学長や学部長を対象にした経営財務に関するアンケート調査を行い、結果とその分析をレポートした。

法人化による教育研究活動への影響では、国立大学全学長を対象とした調査結果は、「法人化は総じてよい結果をもたらしたか」という問いについては、66％が「イエス」と答えている。国からの規制を縮小し、トップマネジメントを進めるというのであるから、トップの学長に満足感が強いのは当然だろう。

ところが、「将来、よい結果をもたらすか」という問いに対しては、「イエス」が43％に減っている。法人化そのものは評価すべき点が多かったが、将来は心配がいっぱいということだ。

同レポートでは、国立大学を旧帝大系（北海道大学、東北大学、東京大学、名古屋大学、京都大学、大阪大学、九州大学の7校）、付属病院のある総合大学（31校）、病院を有しない総合大学（10校）、理工系大学（13校）、文科系大学（5校）、医科系大学（4校）、教育系大学（12校）、大学院大学（4校）などの諸類型に分けて分析している。

旧帝大系の学長は積極的に法人化を評価している。否定的な学長が多いのは、教育系大学、文科系大学、理工系大学、医科系大学である。すなわち単科で比較的、小規模な大学の学長が、法人化にネガティブな評価をしているのだ。

一方、学部長は、全般的に法人化への評価が低い。特に学部系統で分かれたのは、教育と研究の両活動分野である。教育活動分野の活性化に関して、法人化がプラスとなったと答えた学部長の多い学部系統は理工・農・文科系で、マイナス評価が多いのは医・歯・薬系とその他（芸術・体育・総合系）であった。研究活動については、プラス評価は文科系と農学系、マイナス評価は理工系、医・歯・薬系、その他である。

ここで注目したいのは、法人化による活性化の評価が特に低いのが、医・歯・薬系の学部長であることだ。私立大学との雇用環境の比較で、「私立大学よりよい」と答えた人は2割も少ない。他の系統の学部長では私立大学よりは雇用環境は恵まれているというプラス評価が多い。

私立大学の医学部は、人件費の割合は高いものの、病院の収益もあり経営状態が安定している。医師の勤務環境が整備されつつある病院も多い。

国立大学法人教員の非正規化が進む

運営費交付金の削減は、特に人件費を直撃し、大学の現場でもリストラが進んだ。ある地方国立大学教育学部の准教授は、大学財政の面から、財務省の誘導や圧力がなくても、予算規模と教職員数の制約から、地方の小規模大学や単科大学（特に教員養成系）は、やがて経営に行き詰まり統廃合に向かわざるをえないのではないか、と述べている。

国立大学法人全体で見ると、法人化の2004年度からの6年間で常勤人件費が330億円減少し、2004年の95%になった。それに対し、非常勤人件費は198億円増えた。75%の急増ぶりだ。ただ差し引きでは132億円の人件費減となった。大学教職員の非正規化が急速に進み、1人当たりの賃金も安くなっている。

法人化した翌年に政府は運営費交付金の削減だけでなく、人件費を5年間で5%削減することを決めた。この傾向は今後とも続くと見込まれ、常勤大学教員はさらにきびしい状況にさらされることになりそうだ。

このままでは、国立大学本務（正規）教員の若手研究者の割合が少なくなって、日本の大学の教育研究水準が低下していくのではないか。1998年度は国立大学本務教員のうち37歳以下は28%だったのに、2007年度には21%に減少している。そのため、国立大学教員の平均年齢は、9年間で45歳から47歳に上昇している。ベテラン教員がやめている現象も目立つ半面、新採用の枠が狭まり、正規教員数が削減されたため平均年齢が上がっているのである。これは、運営費交付金の削減が大きな要因となっている。本務教員の採用枠がどんどん狭まり、博士号取得者の就職難というポスドク（博士後研究員）問題が深刻化する原因の一つにもなっている。

ポスドクなどの非常勤講師の割合が増加しており、彼らは複数の大学の講義を掛け持つため、十分な教育研究時間が取れず、学生が講義内容について質問しようにも時間的にむずかしい。また時給が安いため、余裕を持って学生に対応できない。

私立大学ほどひどくないといわれるが、国立大学でもこの非常勤講師の待遇をめぐって、大きな問題を背負っている。

「競争的資金」とはいったい何か

文部科学省のデータによると、2008年度の場合、おおよその国立大学法人の収入は、医学部がある場合も含めて、運営費交付金は約41％、自己収入が約59％である。自己収入の内訳は主に授業料や入学金、入学検定料など学生納付金が14％強、付属病院収入29％、委託研究費などの収入7％、寄付金20％、その他に補助金6％などがある。医学部がないと、自己収入の割合が減り、運営費交付金の割合が50％以上になる。

以上は大学としての収入であり、科学研究費補助金（科研費）は、間接経費分を除いて別枠である。科研費とは、国内の大学などの研究機関に所属する研究者が個人またはグループで行う研究に対する補助金で、国公私立の全大学の研究プロジェクトが対象となる。ほかに、科研費とは別に「国公私立大学を通じた大学教育改革の支援」などがある。この支援も科研費も、国に申請して採択されることが必要だ。競争率も高いので、総じて「競争的資金」と呼ぶことが多い。

この競争的資金が文教予算に占める割合も年を追うごとに増えている。「もっともっと競争を」というわけである。科研費で見ると国立大学は、2003年は2万4500件、971億円だったのに対し、2009年は3万件強に増え、1291億円となっている。科研費の金額上位30校（2010年度）を見ると、私立大学は慶応大学、早稲田大学の2大学ぐらいしか入っていない。公立大学では首都大学東京のみである。あとはすべて国立大学だ。

従来は、この科研費は、本来、研究者に対して交付されるもので、大学の収入になるものではなかった。ところが、最近は直接経費のほかにその30％程度の間接経費が認められるようになり、そのうちの一定の金額が大学の収入として入るようになった。また科研費の申請数と採択数は、大学評価の算定基準に入っており、国立大学法人運営費交付金の配分上の基準にもなっているのである。

こうなると、国立大学法人トップとしては、なるべく多くの教員に申請をしてもらって採択件数と採択率を上げてもらわなくてはならない。

科研費争奪戦は、国立大学間で熾烈《しれつ》になっており、この科研費を申請しない教員にはペナルティーを科すという過激な大学さえあるという。その結果、科研費は、国立大学法人にシフトしていく。ただこの科研費の支出をめぐって、不正流用事件が毎年のように起きている。運営費交付金のように組織として支出されることが少ないために、チェック機能が弱いからだ。

任期付雇用をめぐる争議も起きている

一方で、国立大学の人件費の削減努力は限界に近づいてきたといわれる。大学の非正規職員や非常勤講師の劣悪な労働条件が明るみに出て、社会的批判を浴びるようになった。京都大学では教授の任期期限切れ採用の問題で、裁判所で争う事件も起きている。

法的には被雇用者が弱いことが多いが、大学などの場合は企業の経営不振と違って、運営費交付金の減額などによる経費節減が主因であることが多く、社会問題になっている。

全国立大学法人が「骨太方針」による1%の削減といっても、実際には、各大学の運営費交付金の増減率の差は例年見られる。各大学の個性に応じた取り組みを評価する「特別教育研究経費」や教職員の退職手当など「特殊要因経費」によって、差が生じることが多い。運営費交付金は年々減少しているものの、競争的資金や付属病院収入などの増加により、国立大学法人全体の収入は増加する傾向にある。その点は押さえておくべきポイントであろう。

しかし、競争的資金は3〜5年など期限付きであり、終了後の人件費などは大学の他の収入で確保しなくてはならない。そのまま放置すると、今後、競争的資金対応の任期つき臨時雇用者が増加し、雇用問題が多発するだけでなく、人材も離散してしまう。それではせっかくの研究成果が将来につながらない。むだ金になってしまうのだ。

また、あくまで該当するプロジェクトに限定されて出される補助金だから、それ以外の教育研究活動においては、もろに運営費交付金の削減の影響を受ける。

地方国立大学においても、工学部、医学部、農学部などは民間企業や公的機関から多額の外部資金をもらえる一方で、教育学部や人文学部などは学問の性格上、民間企業などの外部資金を得る機会が著しく少ない。その結果、公的な競争的資金の獲得に猛進することになりがちだ。自らの研究の深化・発展よりも、競争的資金の取りやすさに価値がおかれるようになる。外部資金の獲得の有無により、同じ学部内でも研究費をめぐる「格差」が生まれているのが現状だ。

知名度も高く、企業や中央官庁に人脈があって、競争的資金を取りやすい経験豊富なベテラン教授よりも、ハイリスクであっても若手研究者に積極的な投資をしないと、大学全体の研究水準は高まらない。日本人ノーベル賞受賞者の多くは、20～30代の頃の研究成果が評価されているのである。

国際的に見れば、基本的に中国のように、大学運営経費の上に競争的資金を加算すべきであろう。

競争原理で地方国立大学を消すシミュレーション

このようにどんどん競争的資金のウエイトが高まっていったら、いったいどうなってしまうのだろうか。その究極の姿が、［表1］（財務省財政審議会の資料による）である。競争原理に従って、科研費を基準に、国立大学法人の運営費交付金を再評価し配分しなおしたものである（金額そのものではなく、増減の割合）。

その結果は、地方、文系単科、小規模の国立大学ほど、減少率が非常に大きく、存亡に

[表1]　運営費交付金の再分配シミュレーション

※2006年度「科研費」配分比を2007年「運営費交付金」に割り当てた場合の増減割合(%)。

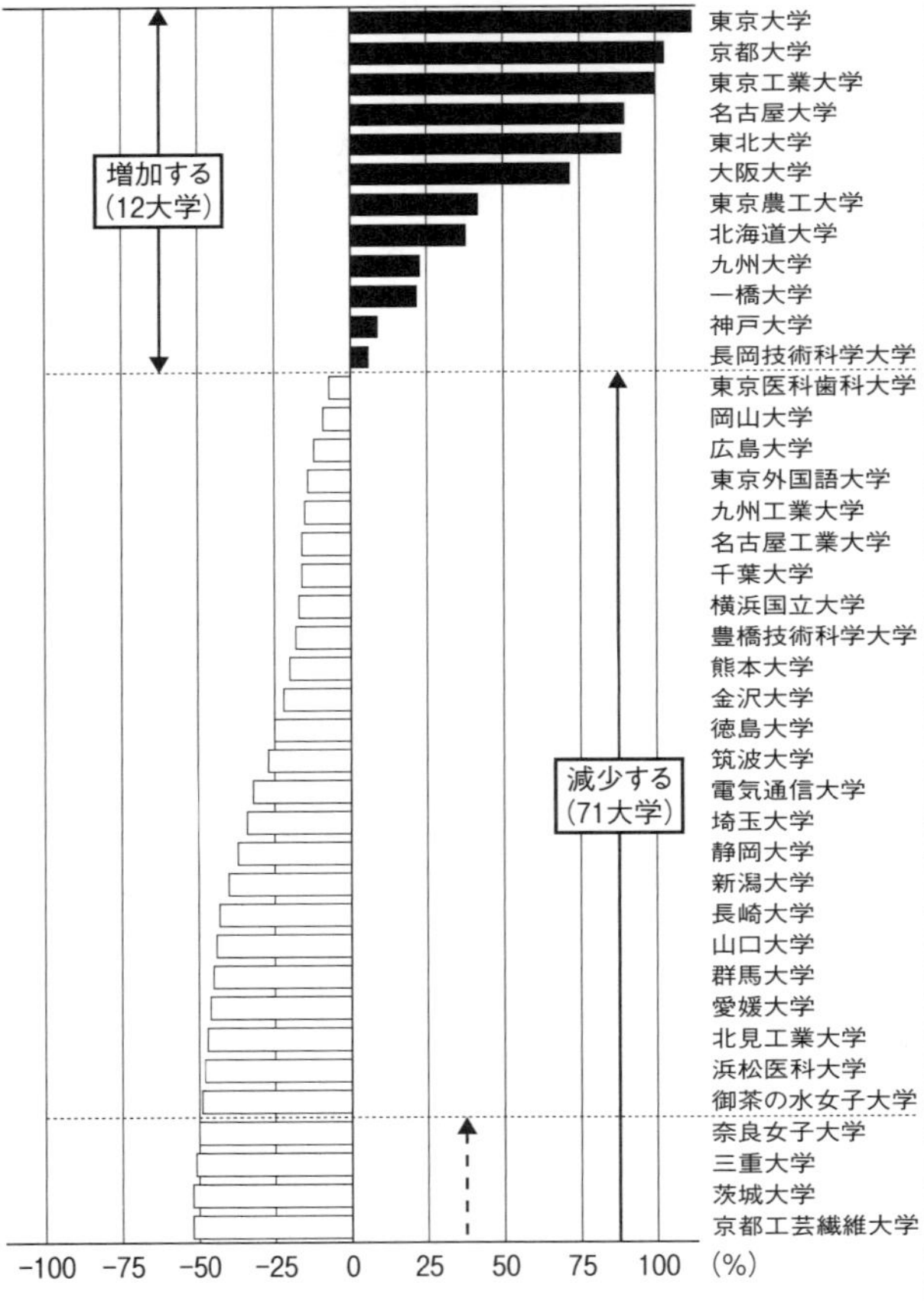

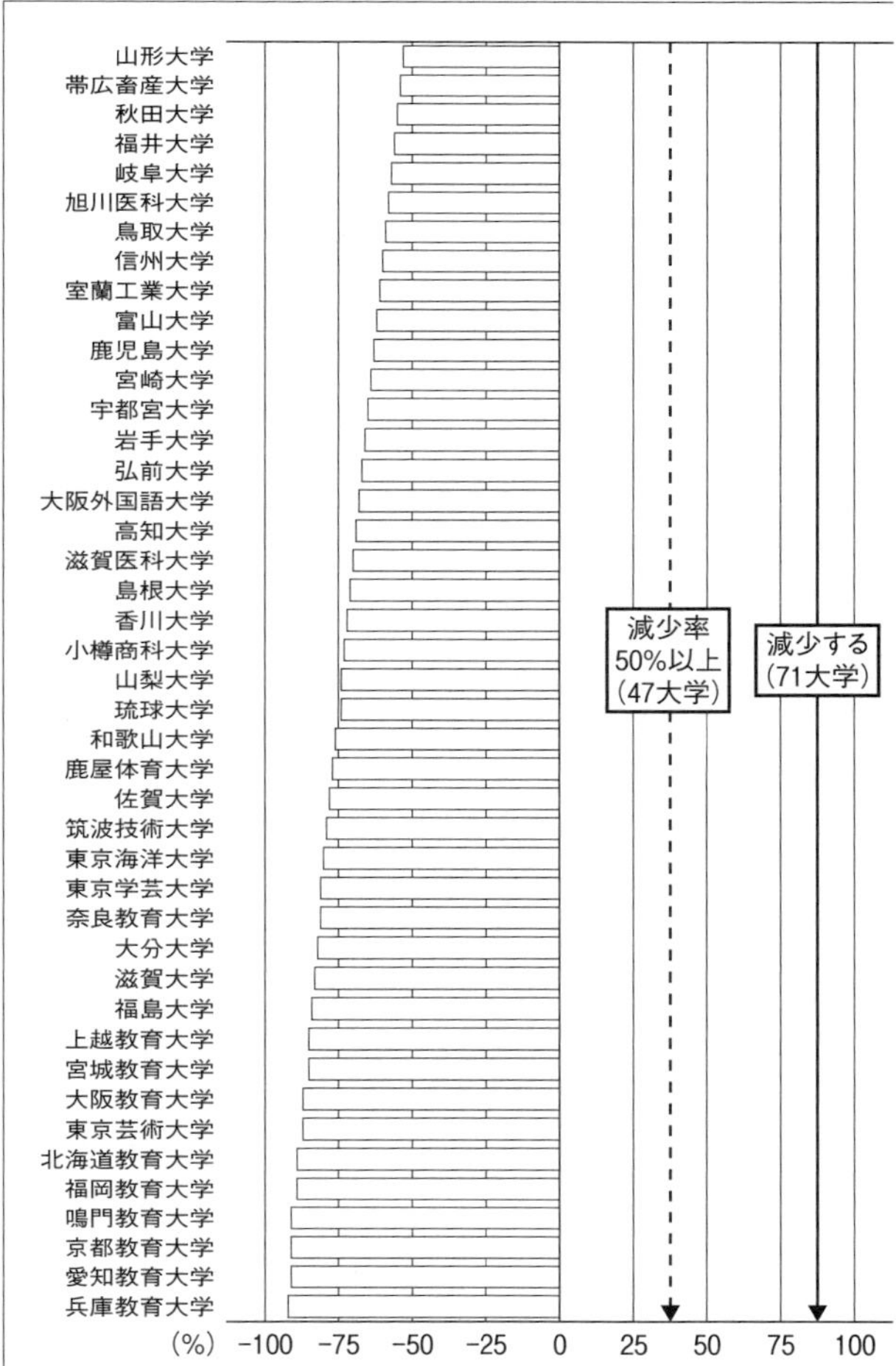

注・大阪大学と大阪外国語大学は、その後統合。また大学院大学は除く。

出典／財務省財政審議会財政制度分科会、財政構造改革部会

関わる悲惨な数字になってしまう。

シミュレーションによると、ほとんど大学経営が維持できないレベルの運営費交付金80%以上削減の国立大学は、東京芸術大学を除き、すべて教育系単科大学である。削減率の高いほうの10位まで、兵庫教育大学、愛知教育大学、京都教育大学、鳴門教育大学、福岡教育大学、北海道教育大学、大阪教育大学、宮城教育大学、上越教育大学となる。

ほとんどが大きな都市に立地している。他の地方都市では総合大学に教員養成課程があるためだ。

続く減少率75%クラスは、福島大学、滋賀大学、大分大学、奈良教育大学、東京学芸大学、東京海洋大学、筑波技術大学、佐賀大学、鹿屋体育大学、和歌山大学などである。

地方のどちらかといえば文系にシフトした大学が登場している。佐賀大学、大分大学を除き、これらの大学に共通しているのは、医学部がないことである。福島大学、滋賀大学、和歌山大学がこれにあたる。福島県には福島県立医科大学、滋賀県には滋賀医科大学、和歌山県には和歌山県立医科大学がある。佐賀大学、大分大学は2003年に佐賀医科大学と大分医科大学を統合したばかりだ。

人件費の割合が相対的に低いため、実際の運営費交付金額では下位だった理工系中心大学は、この［表1］では減少率が教育系に比べて少ない。といっても、減少することには違いがなく、このシミュレーションどおりになるとすれば、存立できずに消え行く運命は同じであるが……。

このシミュレーションは、教員数や学生数など大学運営に関わる基本的要素を無視し、科研費の配分額を基準にして再分配している。学部学科の特性や地域貢献や地域経済に与える寄与などは、科研費などにカウントされなければ反映されない。大学を科研費だけの基準で測り、教育的要素を軽視しており、このような乱暴なシミュレーションを公的機関が行ったということ自体驚くべきことである。大学教育における地方の、特に教育系大学の切り捨てといえる。財務省は、文部科学省を巻き込んで全国立大学を競争淘汰に誘導し、大学予算を大幅に削減する計画なのではないか。

文部科学省も、省益確保や天下り確保のために、わが子のような国立大学法人の縮小をそのまま受け入れるわけにはいかない。そこで、科学技術立国を旗印に文部科学省が管轄する競争的資金を増やし、むしろ今までの学生や教員数などの規模による算定をベースとした運営費交付金から、より恣意的にコントロールできる方向を目指しているのかもしれない。

そのためには地方の小規模大学が泣くようなことになってもやむをえない、そうしなければ財務省の予算抑制や事業仕分けの圧力に抗することができない、と考えているのではないだろうか。

科研費に限らず、競争的資金の大学間格差は、運営費交付金よりひどい。旧帝大系7大学と筑波大学だけで競争的資金総額の50％を超えている。ほとんど寡占状態である。

競争にシフトしたのに逆に減った論文数と研究時間

旧帝大系に競争的資金が集中する傾向を「優秀な教員や研究者が多いから当然である」とする見方もある。

ところが結城章夫山形大学学長（文部科学省元事務次官）は、競争的資金の取り方のスキルと実績の差が、本当は大きいと指摘する。東京大学や京都大学のように研究の蓄積やスタッフが充実していれば、当然、科研費など競争的資金も取りやすい。

寄付金や競争的資金にしろ、経験、情報収集力、地の利や人脈など、総合力で勝る旧帝大系には、地方国立大学は太刀打ちできない。ノウハウを持つ専門スタッフが育っていないからだ。

どのようにして自由裁量度の高い資金を確保できるかが、国立大学法人の学長や学部長の課題となる。競争的資金重視を意識して、また運営費交付金の減少を補うべく、前述したように、科研費獲得には積極的である。

当然、科研費の申請件数が伸びているのだから、日本の大学の研究活動も活発化していると、だれでも思う。

ところが、現実は逆の結果になっている。

国立大学法人学術研究論文数は、内閣府の「国立大学法人等の科学技術関係活動に関する調査結果」によると、2005年には約6万3000本だったのに、2008年には5万7000本と減っているのである。

その研究時間も、国立大学財務・経営センターによる国立大学法人の経営財務に関するアンケート調査結果では、研究活動に費やす時間は「やや少なくなった」56%、「少なくなった」23%と、約8割が研究時間の減少を訴えている。

さらに研究内容に関しても、科学技術政策研究所「科学技術の状況に係る総合的意識調査（定点調査2009年）」では、特に増加しているのが「一時的な流行を追った研究」2・4ポイント増、「短期的に成果を生み出せる研究」2ポイント増であった。すぐに結果を出せる研究が多い。

逆に減ったのは「長期の時間をかけて実施する研究」マイナス2・5ポイント、「計量標準、材料試験など基盤的な研究」マイナス1・8ポイントとなっている。そして「日本全体としての基礎研究の多様性」は、マイナス1・4ポイントになってしまった。

大学の研究活動においても企業と同じくスピードと即効的な成果を求める傾向が強まっている。

今はなき大阪外国語大学の運命

ある研究グループの調査によると、寄付金や産学連携資金などの外部資金は、旧帝大系など大規模大学は、運営費交付金に対してその4割を超えているのに、教育系大学は4%、文科系中心の大学は10%強に過ぎない。外部からもお金が集まらない状況なのだ。

大学類型では文科系大学とされている東京外国語大学の亀山郁夫学長は、朝日新聞や学研・進学情報のインタビューで次のように述べている。

「語学では少人数教育が欠かせないため教員数が多く、支出で人件費の割合が高いところには、運営費交付金の1%削減は非常なストレスとなっている。その意味で、人件費の比率が支出の80％を超えた大阪外国語大学が大阪大学と２００７年に統合したことは象徴的であり、必然性があった」

東京外国語大学は人件費比率70％で、今のところぎりぎり持ちこたえているという。国には国際的に卓越した教育研究拠点形成のためのグローバルＣＯＥプログラムや「留学生30万人受け入れ計画」と連動させ大学の国際化を目指した国際化拠点整備事業（「グローバル30」）などがある。これらは競争的資金のなかでも、東京外国語大学と関わりが深いテーマで、金額も多いプロジェクトである。ところが、留学生教育プログラムでも実績を持つ同大学が、「多言語多文化」を基本方針としているために、英語一元主義に依拠する留学生30万人受け入れ計画の「グローバル30」に応募することができない。亀山学長は、そう嘆いている。

こうしてみると、グローバルＣＯＥにしろ、グローバル30にしろ、大学の国際競争力強化を目指しているにもかかわらず、結果的に現在の旧帝大系に有利なプログラムに変質しているといえる。

競争的資金は、国から「5年前後の期間限定で支援をするから、終了後は通常の教育研究にビルトインせよ」といわれたようなもので、小規模大学には財政面でストレスになる。

競争的資金が大幅に導入されて5年が経過したプロジェクトが少なくない現在、競争的資金で始まった教育研究を自前でどう継続するか、頭を悩ましている大学も多い。

東京外国語大学は、2012年度を目標に、世界の言語研究、文化研究、社会研究、国際研究を四つの柱にして、新しい構想の新学部の設立を目指しているという。

人文系分野の教員数が1998年から2007年の10年間に、私立大学では8％増加しているのに、国立大学は11％も減っている。人文系軽視の動きは、このことからもわかる。異文化理解や英語以外の語学力の強化は、日本のグローバリズムの発展の基礎になるだけに、人文系軽視は国の理念の貧弱さを示しているといえよう。

国立大学医学部の光と影

文部科学省の調べによると、法人化してから6年間で、国立大学付属病院運営費交付金は2004年度の584億円から2009年度の207億円へと3分の1近くに減少した。それにともない実質的に赤字の病院が半分以上という状況になった。当然、借入金などの負債も増えている。これらの赤字は、大学本部からも補塡《ほてん》せざるをえない。その結果、付属病院だけでなく、大学全体の教育研究水準が低下する。

国立大学付属病院の現状は、2009年の大学病院の医療単価の改善で一息ついたものの、まだまだ病院収入を増やすため、医師は診療時間を増やさざるをえない。その結果、当然のことながら教育研究時間が減少している。

トムソン・ロイター社の調査によると、臨床医学論文数は2002年からの5年間で、世界全体が11％の伸びに対し、日本の大学病院では7％の減少となっている。この理由は、2008年の調査で、大学病院の医師が「診療時間の増加によって研究時間が減少した」と答えた率が、78％にのぼることから簡単に推測できる。

そのため、大学病院の研究の場としての魅力が薄まっている。2011年春に卒業見込みの医学生と臨床研修受け入れ病院の採用に関するマッチングの結果によると、大学病院で医師臨床研修を受ける人の割合は48％と前年比2ポイント減となっている。この制度が始まった2004年以来、最低の割合である。地域では東京、大阪、京都に人気が集まり、地方の大学病院離れが進んでいるのである。

最近の医学部は次々と定員増を認められ、他の学部に比べ、運営費交付金など予算配分のうえでも国から別格に優遇されているように見える。

ところが、国は国立大学法人運営費交付金額の算定に当たって、赤字の多い付属病院に対して、今でも2％収入増を前提にした調整をする経営改善指数のルールを課している。はたして、この2％増を達成できるのか、未来は不安いっぱいで、国立大学医学部長がストレスをためる状態は、これからも続きそうだ。

人件費率の高い教員養成系も受難の季節

また地方に多い教員養成系大学もきびしさは同様だ。

教員養成系大学は、幼稚園から高校まで各段階に応じて多教科・多科目の教員スタッフが必要で、必然的に人件費が高くなる。そのため総支出のうち人件費が80％近くと、国立大学平均の60％強より高くなっている。半面、寄付金や委託研究収入などの外部資金は、その学問の性格上、取得しにくい。

その結果、前掲［表1］の科研費による再配分シミュレーションでは軒並み教育系単科大学は下位に低迷し、将来、統合などで淘汰される候補とみなされている。地方国立大学の教員養成系学部では、ベテラン教員の退職の代わりに若手の講師を充てたり、中には未補充のまま現員スタッフでやりくりしたりするところもあるという。

現在、全国の小学校で、正規のみならず非正規の教員も不足し、産休や病気で休職した教員の代替要員が足りないのは、地域で教員を育てる力が弱まっていることも一因であろう。幼児教育から高校（中高は教科科目）までのすべての普通免許状を出している国立大学教員養成課程は、必要なスタッフが足りないため、ほとんどない。免許更新制が続いており、これからはさらに講師不足が深刻化するだろう。

ある甲信越の地方大学の教員養成学部の現状について、運営費交付金の減額で、ベテランがやめ、非正規教員の増加による若年化、多忙化が進み、時間的余裕がなくなっていると報告されている。法人化以降、教員が期限付き教員を除くと13人減少し、12％減になったという。特に退任は教授、准教授など人件費が高い職階が多く、私立大学も含めて他大学へ転出している。教員の中には健康状態も悪化しているケースが少なくないと指摘する。

特に、人件費の高い教授・准教授層が減少して、平均年齢が低く大学勤務経験年数が短い教員の割合が増加し、若年化が著しい。これにより、授業負担や委員会など業務の負担が目立って増え、若手を育てる余裕がなくなっている。

教育学部など文系学部では、教員1人当たりの研究費が減り続け、日常の学生・大学院生の指導や研究室運営にも支障をきたしている。学会出張旅費や専門書の購入などは、自腹を切るケースも少なくない。まさに地方国立大学教員養成学部にとって、教育研究活動のきびしい状況を示している。

ノーベル化学賞が遠のいていく

では、文科系に比べ、比較的、研究環境が恵まれているといわれる理工系は、どうなっているだろうか。

2009年の春に、化学系の研究者が参加している日本化学会が、そうした大学間の格差が端的に表れた調査結果を公表した。全国の有力国立大学10校（旧帝大系、東京工業大学、筑波大学、広島大学）と、地方国立大学30校（旧2期校中心）・公立大学2校の1人当たりの教育研究費を比較したものである。

有力大学では2003年度から5年間で教育研究費が54％も伸びたのに対し、地方国公立大学などは減少率20％となった。

この結果、この5年で有力大学対比で、地方大学が受け取る教育研究費の割合は52％から27％にダウンし、有力大学とは平均4倍の格差となってしまった。

この主な原因は、競争的資金の差である。有力大学の研究者は、運営費交付金からの資金は下がったものの、科研費、国公私立大学を通じた大学教育改革の支援などの公的資金、産学連携資金が増加している。特に公的資金と産学連携資金は倍増している。旧帝大系は全国的な大企業との産学連携に実績があり、金脈や人脈もあることが多い。そのための学内組織も整備されている。

ところが、地方国立大学などは運営費交付金、科研費、公的資金、産学連携資金が軒並みダウンしている。学内態勢の未整備ということもあるかもしれないが、長い不況で地元企業に元気がないことも影響していよう。

しかし、このような状況を放置しておけば、地方国立大学理工系の地道な研究活動が衰え、若手の研究者が育たなくなる。

学問は裾野が広いからこそ、峰も高くなる。ノーベル化学賞も地方国立大学などの幅広く多様な研究があるからこそ生まれてくるのではなかろうか。

自らの手で明るい展望を切り開く

地方経済が疲弊している現在、地方国立大学への期待は増している。

自宅から通学できる地方国立大学への志願者が増加傾向にある。3大都市圏以外の地域に国立大学の学部生は65％もいるが、私立大学学部生は23％に過ぎない。国公立大学は、地方の受験生に進学の機会を提供しており、その役割はますます大きくなっている。

また地元の産業界や行政からも、法人化以降、国立大学による教育文化の振興や経済活性化への期待が高まっている。

地方国立大学には、運営費交付金削減で、きびしい環境にありながら奮闘している大学が少なくない。国立大学の学長や学部長も、学生への教育支援や地域などへの社会貢献の面では、法人化を高く評価している。

国立大学協会情報誌『JANU』で紹介された各地方国立大学の注目される取り組みが、次ページの［表2］である。地域密着型もあれば研究追求型もある。また地域や企業との連携や交流を通して、学生を育成していくプログラムもある。

九州工業大学は、巨大プロジェクトがほとんどの宇宙開発分野の「すき間」をねらう戦略で、宇宙環境への耐性を強化するモノづくりに取り組んでいる。たとえば衛星放送の進展で衛星の電力規模が拡大して、帯電による放電が衛星機能を壊してしまう事態が発生した。衛星帯電放電試験装置のある九州工業大学の宇宙環境技術研究センターには、世界各地から帯電放電試験の依頼が寄せられている。将来は耐宇宙環境技術の研究開発における世界的拠点を目指している。

［表２］ 地方国立大学法人の教育研究活動の例

大学名	活動内容
熊本大学	薬剤耐性変異株に有効なエイズ治療薬ダルナビルの開発に成功
香川大学	四国初香川発の超小型人工衛星STARS2008年度打ち上げ。高松市中心市街地活性化事業としてミッド・プラザをオープン
新潟大学	イネの高温登熟による白未熟粒発生の謎を解き、高温耐性コシヒカリ開発
富山大学	人間発達科学・医・工・芸術文化、各学部の「知」を結集して自立支援歩行器具を開発
宮崎大学	光化学で世界初のレーザー発振や、次世代半導体用成膜技術などにオンリーワン成果
琉球大学	風力・太陽光・波力とバイオマス生産を組み合わせた新エネルギー開発研究
福井大学	原子力の将来を見据えた人材を育成する国際原子力工学研究所が2009年に発足
鳴門教育大学	全国で唯一の小学校英語教育センターで、実践的な指導および研究
九州工業大学	宇宙の安全を高める「宇宙環境に耐えるモノづくり」(本文参照)
富山大学	日本で唯一の伝統医薬学研究所と、和漢医薬学を幅広く学ぶ夏期セミナー
愛媛大学	世界「最強(最も硬い)」のダイヤモンド(ヒメダイヤ)の合成
秋田大学	民族芸能の踊りの記録・保存技術、「匠の技」など伝承技術の開発。自治体・大学・地元企業の三者一体で地域活性化を目指す横手分校創設（本文参照）
埼玉大学	バーチャルトレーニングと実習を融合したものづくり技術者の育成支援
茨城大学	ユネスコ支援・茨城県北ジオパーク(地球遺産を目玉にした自然公園)の設置を目指して活動
京都工芸繊維大学	ものづくりの上流から下流まで「川下り方式インターンシップ」の産学連携
山梨大学	世界基準のワインを作る人材育成教育カリキュラム。ワイン科学コース設置
旭川医科大学	「高大病連携」によるふるさと医療人(医師・看護師など)の育成
豊橋技術科学大学	企業と協働したリーダー育成の博士課程前期後期一貫プログラム

出典／国立大学協会情報誌『JANU』(vol.13～17)。大学名の順番も同誌掲載順

また秋田大学は、高等教育のない県南の横手市に「分校」を開設、地域の活性化や文化・芸術の振興に大学の資源を活用する地道な取り組みを進めている。

表にはないが、室蘭工業大学も地元の経済振興のために積極的なことで知られ、実業界からの評価も高い。企業との産学連携も活発である。

そんな中で、法人になったおかげでオープンになったのが、大学ブランドの商品である。国立大学協会では、各大学のブランド品を紹介するカタログ雑誌を、2008年2月に4000部発行しているほどだ。

北海道・十勝地方に自生するかしわの葉を原料にした「かしわ茶」(帯広畜産大学)、黄色で長持ちするりんご「こうこう」(弘前大学)、豊橋TLOと共同開発したサプリメント(浜松医科大学)、ワイン11種(山梨大学)、日本酒「新雪物語」(新潟大学)、規格外二十世紀なしを活用した梨酢や健康ドリンク(鳥取大学)、大学農場のサツマイモが原料の焼酎「神在《かみあり》の里」(島根大学)、高知の植物を利用した野生酵母パン(高知大学)、日本酒「九州大吟醸」(九州大学)など、うまくPRすれば人気の出そうな商品も少なくない。

しかし、「武士の商法」なのだろう、ブランド戦略がもうひとつという声が多い。民業圧迫という批判もあるようだが、そこはうまく知恵を出し合って、地元の中小企業との連携も進めていくべきであろう。地域格差を是正する意味でも、むしろ地方国立大学の役割と期待は大きくなっている。

今後の課題は、大学職員の旧公務員意識を払拭して、クリエイティブで効率的な学校運営を確立することである。今はまだ混乱期にあり、前例踏襲、予算使いきり傾向、事なかれ主義が残っているといわれる。そのような親方日の丸の意識を改革し、大学の事業を地域のベンチャービジネスへと結実させるようなエネルギーを発揮しなければならない。新しい起業のスピリットと経験を学生が身につけるようになることが、地元貢献の人材育成につながることにもなるからである。

地方国立大学の地元経済波及効果

地方の国立大学が地元経済に与える経済的効果は予想以上に大きい。弘前大学、群馬大学、三重大学、山口大学を選び、地方国立大学が地域に及ぼしている経済効果を計る2007年の調査結果がある。

この4大学を選んだのは、付属病院を伴う総合大学であること、3大都市圏に立地していないこと、学生数など大学の規模がほぼ同じなので、共通性からいって、数字にある程度、客観性が期待できるからである。
その経済効果をどのようにつかむか、その視点は、次の四つである。
①教育・研究活動による効果
大学が教育や研究のために経費を投ずることによって生まれる効果
②教職員・学生の消費による効果
地域での消費活動によって生まれる効果
③その他の活動による効果
付属病院外来患者や学会来訪者、受験生など大学関連の施設や催しへの来訪者が、地域で消費活動をすることによって生まれる効果
④施設整備による効果
設備の新築や修繕のための投資によって生まれる効果
これらの視点から積み上げて試算している。
直接効果は弘前大学が279億円、群馬大学が393億円、三重大学が305億円、山口大学が433億円となっている。県内の生産や付加価値誘発効果は、それぞれ662億円、935億円、655億円、1052億円となっている。

いかに地方や地域にとって国立大学が大きな存在であるか、これらの数字から推測できよう。その雇用吸収効果一つとっても無視できない。

たとえば弘前大学の雇用吸収効果は青森県で0・9％、弘前市内では5・1％もある。群馬大学では県で0・9％、前橋市内では9・1％。三重大学は県で0・8％、津市内では5・8％。山口大学は県で1・2％、山口市内で9・6％である。

単純に考えれば、国立大学法人の存在そのものが、地元に雇用を生み出す産業になっているのである。

それだけではない。文化・教育・市民活動などすべての面が、大学とその教職員・学生たちによって支えられているということを、地元の住民はよく知っている。

地元の自治体との連携事業も、ほとんどの国立大学が取り組み始めている。群馬大学は地方貢献度という点も、ビジネス界から高い評価を受けている。

観光立国を目指す和歌山大学と琉球大学の挑戦

2009年春、和歌山大学と琉球大学に観光系の新学部が誕生した。これからの時代には観光が地域社会にとっても主要産業になるからで、その地方の魅力をトータルプロデュースできる人材が求められているからである。観光は地方にとって、数少ない戦略成長分野として期待されているのである。

文部科学省が、社会的要請の高い人材養成のための学部として、和歌山大学、琉球大学の両大学に観光関連学部の新設を認め補助金を支出した背景には、こうした観光立国戦略がある。

琉球大学の「観光産業科学部」の「観光科学科」は、総合大学のメリットを生かし、文理融合型の学際アプローチを実現した。ビジネスや観光開発だけでなく持続可能観光論や生態学、エコツーリズム、観光景観論などのリソースマネジメント、健康保養観光、長寿の科学、癒しと休養、バリアフリーなどのヘルスサイエンスを追求する。理学部、農学部、医学部、工学部などと連携している。ホスピタリティとして中国語も重視しており、近くの台湾だけでなく、中国本土も視野に入れている

「産業経営学科」は、従来の経営学、マーケティング、会計学の3分野に、新たに観光経営を加えた。

今まで沖縄は、3Kすなわち「基地」、「公共事業」、「観光」に依存する経済といわれてきた。これからは新3Kの「観光」、「環境」、「健康」に立脚して経済の自立化を目指す。

実際、沖縄の観光GDP（観光の商品とサービスの生産を通じて創出された経済的価値）は、県全体GDPの約6％を占める。その割合は、観光収入の多い京都や北海道の2倍もある。まさに観光が沖縄の主要産業である。

アメリカのハワイ大学とも連携している「観光産業経営学部」もあり、観光科学の分野では世界でトップクラス。立地が島嶼《とうしょ》系で、また観光が主要産業であるなど、沖縄とハワイは共通点が多い。

そこで同大学とは衛星放送による遠隔授業も実施している。専門知識を英語で学ぶのだから一石二鳥である。

単に沖縄の観光振興にとどまらず、観光全体を科学する、という目的意識を持って取り組む。和歌山大学も含めて国立大学法人の観光系学部のOB・OGとして、観光のプロフェッショナルが多くの場で活躍することによって、就業の場としても質的に高く魅力ある職場に変えていくことができる。観光施策の専門家は行政やNPOなどでも必要とされるであろう。

コラム 1

東京大学ひとり勝ちの現実

各大学別に、比較的に自由に使える寄付金、競争的資金の間接経費、財務収益の総額を見ると、すべての項目で、東京大学がトップとなっている。合計額でも、上位に旧帝大系が並び、中でも東京大学が飛びぬけている。合計で、東京大学は293億円。2位の京都大学205億円のおよそ1・4倍である。10位の筑波大学は29億円だから約10倍である。

この外部資金と科研費とは高い相関があるだけに、大学収入全体で見ると、より大きな大学間格差を生み出すだろう。

国からの運営費交付金も同じような状況だ。すべて医学部を持つ旧帝大の7大学と筑波大学の計8大学だけで、全体の運営費交付金の約4割に達する。他の6割強を、ほかの国立78大学で分かち合っているのである。

中でもやはりダントツなのが東京大学だ。2010年度で見ると、東京大学は857億円。2位の京都大学が580億円なので、やはり1・5倍ほどである。

国立大学法人全86校合計1兆675億円のうち8％を占めている。

東京大学ＯＢの黒木登志夫・前岐阜大学学長は、「東京大学のひとり勝ち」であるとして、その弊害を説いている。地方大学の学長体験から、大学関係予算配分の偏向、地方大学の教育研究活動の低下を訴えている。

この東京大学ひとり勝ち論に対して、東京大学の関係者からは学生数が多いから当然だという反論もあるが、わかりやすく比較するために、在籍学生数で運営費交付金額（2010年）を割ってみよう。

東京大学は在籍学生数2万8796人で運営費交付金857億円、1人当たり約298万円。京都大学は2万2632人で580億円なので1人当たり約256万円である。東京大学と京都大学でもけっこう差がある。

それに対し、小樽商科大学は15億円で、在籍学生数2461人だから1人当たり61万円となる。医学部のある大分大学でも、在籍学生数5797人で97億円だから、1人当たり167万円である。この人数は4大学とも大学院の学生数を含んでいる。

この格差は税金を出している国民、特に地方の住民に対して合理的に説明できるのだろうか。

地方大学では学内の引っ越しで学生が負傷しても保障することはできないが、東京大学では全員に学生保険をかけているので、そうした場合は保障される。

地方大学ではやむをえず安い労働力として使っている博士課程の学生からも授業料を徴収しているが、東京大学ではほとんどの博士課程の学生が授業料免除になる。こうした格差も、目に見えない形で広がっている。

第2章　存在価値が問われる公立大学

公立大学は、全大学778校のうち95校で12％を占め、国立大学86校11％より多い。しかし、兵庫県立大学、首都大学東京や大阪府立大学など、統合化で校数が減っており、実質的には80校となっている。学生数の割合は全体の5％と少なく、いかに小規模な大学が多いかがわかる。

その半面、創設時に地方自治体が資金を出し、運営は私立大学として行う公設民営の私立大学が、いろいろな理由から公立大学へ転身して増加する動きもあり、統合化による減少と交錯している。きびしい地方財政を背景に、さまざまな生き残りの試みが、必死に展開されているのである。

だが、その独自な存在価値を追求することで、新しい展望も開けてくるだろう。

地方公立大学を見直す動きも

2011年のセンター試験の出願状況を見ると、国立大学と私立大学のはざまにあって、あまり注目されなかった地方公立大学で、好調のところが目立つ。長引く不況で、地方受験生の地元志向が強まったことや、地元国立大学の併願校として選んだり、センター試験自己採点で国立大学をあきらめ、地元で学費が同じ程度の公立大学へ志望を変更したりすることもあるだろう。また医療・看護・管理栄養士などの資格直結学部学科の人気復活、地元での公務員就職が有利、などの点もその要因として考えられる。

学費も安く地元では知名度も高く、地方自治体職員との交流も密なので、地元のさまざまな情報をキャッチできる可能性も高い。どちらかといえば、地方国立大学や大都市の有名私立大学志向であった地方進学高校の受験生も、地元公立大学のよさを見直しつつある。

またほとんどの国立大学前期のセンター試験が5教科7科目なのに対し、公立大学は3〜4教科で受験できる場合が多い。この受けやすさも人気の要因となる。

半面、ここ数年、先述のように地方財政がきびしく、公立の看護系大学では単独で維持できなくなりつつあるので、設立主体が同じで学生数が多いほかの公立大学に吸収させて、コスト低減を目指す例が続く。これからも同じ地方自治体の管轄下にある看護系公立大学と一般公立大学は、統合化の可能性が高い。

しかし、この統合化の動きも別の公立大学が同地域にあって、以前から深い交流の蓄積がある場合を除き、いろいろな問題点が指摘されている。

最初に統合した兵庫県立大学にしても、統合校の一つ、姫路工業大学の理学部が従来の姫路キャンパスからはるか遠方の田園地帯に移動することになり、最寄りのＪＲ相生《あいおい》駅からはバスで30分もかかると反対した教職員も少なくなかった。キャンパスがいろいろな地域に分かれるタコ足大学になることへの教職員の心理的抵抗感も強い。これは他の統合大学でも共通していえることである。

「世界に通用する大学」になったか

首都大学東京も同様で、人気のあった東京都立大学、都立科学技術大学、医療系の都立保健科学大学、都立短期大学などをつぶし、２００５年に統合してしまった。石原慎太郎都知事は「世界に通用する大学を」という壮大なプランを立ち上げ、他の地域貢献を目指す公立大学とは一線を画し、横浜市立大学や秋田の国際教養大学などとともに、グローバリズムを意識した新しいタイプの公立大学を目指した。

教育・研究と経営を分離し、学長と理事長を置き、理事長は経営の最高責任者で、知事が任命するという私学経営と似た方式で、公立では初めての試みであった。法人化によって年俸制や任期制を導入したことでも注目された。

しかし当初は、準備が拙速のため、いろいろな問題点も指摘された。

統合理念について予備校の河合塾に補強を依頼したことが発覚して教員側が反発し、当時の東京都立大学の総長が批判声明を発表する事態になった。経済学部の教官の一部は、団結して新大学への任官を拒否した。文部科学省「21世紀大学教育支援プログラム」に選ばれた経済学部の研究プロジェクトも取り下げられ、大学審議会でも問題点を指摘される事態に陥った。公立大学としては異例なことであった。

その後は、地方自治体の東京水道局などへの就業体験「現場体験型インターンシップ」を1年から教養科目として受講できるようにしたなど、タイムリーな教育活動が続けられている。1年生の40%が受講するほどの人気科目になった。特に最近のきびしい大卒就職戦線を意識してか、受験生の中には、このインターンシップがあることが首都大学東京の魅力の一つと語る者もいる。学生を職業社会で通用する人材に育てよう、という教職員の地道な熱意の表れといえよう。

個人プレイが好きな首長が続々登場する中で、今後も都市部にある公立大学は翻弄《ほんろう》されることが多くなりそうだ。

その首都大学東京と同時期に法人化した横浜市立大学は、中田宏・前横浜市長の時代に、学長を副理事長にする学校経営方針を打ち出した。また教員の任期・年俸制を打ち出したため、学内から不満が生まれ、実力がある人気教員が他大学からスカウトされて退職するなど話題になった。

カリキュラムも教職課程が削減され、英語・数学・理科を除き、国語・社会の教職や司書教諭の資格取得ができなくなったり、予算削減で校内図書館の雑誌購入が大幅に削られたりした。同大学は今まで医学部は別として、商学部と文理学部がともに長い伝統を誇ってきたが、国際総合科学部に学部統合された。

グローバリズムの時代にふさわしい横浜らしい公立大学をというねらいから、TOEFL500点を3年進級の条件にした。ところが、2年生の2割近くがこの条件をクリアできず留年しそう、という騒ぎになった。そこで、進級の条件でなく、AO入試にTOEFLの成績を条件にしたという経緯がある。

国際総合科学部国際文化創造コース上村雄彦准教授の授業「国際社会と政治」が、NHK教育テレビ『白熱教室JAPAN』で、4日間放送された。テーマは「2050年の日本、あなたが総理大臣なら、どんな日本にしたいですか」。

べつにハーバード大学マイケル・サンデル教授の「白熱教室」人気を受けて、そのような授業を計画したわけではなさそうだ。そうした討論型テーマ授業は、ほかの教授の教室でも開かれている。あまりマスプロ授業と縁がない小規模な大学だからこそ可能なのであろう。日本の大学で展開される対話型授業として、テレビで放映されたその実際の授業を見て、外国での対話型授業と比べ、討論が十分にかみ合っていないという意見も多かった。ただ若い教員がこのような試みに取り組む自由な学風は残っているようであった。

大阪と名古屋の公立大学の行方

早稲田大学出身の橋下徹大阪府知事は、大阪府立大学に関連して、大阪市立大学との統合を目指す考えを示している。同じ公立の大阪市立大学に比べ、いまひとつという印象の大阪府立大学も法人化しているが、これからリストラ必至という見方がもっぱらだった。

東京都と同じような大阪都や名古屋都の構想が、橋下知事や河村たかし名古屋市長、就任早々の大村秀章愛知県知事によって提唱されているが、そうなると大阪と同様に、愛知県立大学と名古屋市立大学はどうなってしまうのだろうか、と心配する関係者もいる。

しかし新首長が大学統合に実際に手をつけるのは、先のことになるだろう。

ただ、その前にリストラの嵐が襲うことは確実である。法人化したので、経営陣にリストラ推進派を送り込めば、教職員の抵抗を排除できるからである。現に首都大学東京や横浜市立大学では学生運動がはなやかな頃なら、とてもムリだったろうと思える大学改革を進め、その結果、少なからぬ教員がやめていった。

法人化を契機にリストラを進めたのはいいが、研究・教育の質的劣化につながる心配がある。確かに経営が機動的になり、年俸制で人件費の効率化が進み、任期制で人事の柔軟性が図れるなど、経営面のメリットはある。

半面、逆に年俸制や任期制のために優秀な人材の確保・育成が難しくなること、医療看護系では公立病院との連携でマイナスに働く可能性があること、独自の管理部門の整備や独立によるシステム構築など予想外のランニングコストがかかることなどが、マイナス要素として挙げられている。

現に兵庫県立大学は、法人化のプラスマイナスを判断して、２０１１年春の時点では法人化を見送っている。実質80校ある公立大学のうち、２０１０年4月段階で、法人化しているのは53大学である。

国際教養大学はなぜ人気なのか

最初に公立大学で法人化した秋田県の国際教養大学は、地方においてグローバリズムを標榜する公立大学の先陣として、今なおマスコミに注目されている。

元東京外国語大学学長で中国問題の専門家として知られる中嶋嶺雄学長に、開学直後に、その抱負を聞いた。

「基本的には国際社会で活躍するグローバルな人材を養成します。そのため世界で共通なツールである英語を徹底的に勉強します。たとえば英語集中プログラム（ＥＡＰ）でＴＯＥＦＬ５００点までのレベルに引き上げ、それを達成しないと次の段階の授業が受けられません。授業は英語なのですから。もちろん少人数教育で、強力にサポートします。中には入学時に４２０点程度だった学生が、数カ月で５００点をクリアすることも珍しくありません。

新入生や留学生は全寮制ですから、勉強に集中できる環境です。学校図書館も24時間開いており、学生のニーズに合わせています。そこでの交流がまた実りをもたらしてくれるのですね。また全学生が必ず1年間海外に留学することになっています。英語圏だけでなく、アジアも入っています。現時点ではヨーロッパの大学からも申し込みがありますから、今後もっと広がるでしょう。

英会話学校と違って、ただベラベラ話せるようになるのが目的ではありません。英語で

『考え学ぶ』ことができるようになることが大切です。授業は英語ですが、カリキュラムの基盤教育では、日本語・日本研究が一つの柱になっています。他にもコンピュータから社会科学、比較文化論まで幅広く学ぶようになっており、国語力・構想力・作文能力が身につくように、指導しています。学生の3人程度に1人のアドバイザーがついて親身に指導する本学は、密度が濃い教育ができる可能性があるはずです。

また卒業論文については、専門教育のグローバル・スタディズ課程において、単なる文献研究ではないフィールドワークも含めた、ペーパーによる研究成果の提出も検討しています」

3年次に1年間も海外留学すると、就職活動に支障が出るのでは、という懸念には、「留学期間は、一定の時期と決まっているわけではなくて学生によって違うのです。TOEFL550点をクリアしていて、取得単位数や成績で条件を満たせば、早い人は2年生の秋から留学します。成績が悪ければ、3年の秋から1年間留学という学生も出てくるので、就職活動などのアフターケアは必要になるでしょうね。ただ、それでも企業は海外でしっかり学んだ学生が欲しいと思いますよ」と自信を示す。

2004年に入学した1期生147人は、2008年春、就職希望者は100%の就職率だった。ただそのきびしい学業のためか、1期生147人のうち4年間で卒業できたのは47%であった。残りは留年などである。

2009年から2010年は、リーマンショックで就職戦線がきびしいときにもかかわらず、2期・3期生ともに就職率ほぼ100%。留年してその後就職した者も健闘した。語学に強い人材ということで、就職は順調である。2011年卒業生も就職内定率100%であった。主な就職先は総合商社やANAのほか、三菱系メーカーなども多い。

2012年卒対象の会社説明会の申し出が、2011年の春には100社に達したことからも、その好調さが窺える。明治製菓など大企業の人事担当者のコメントでは、単に英語に強いだけでなく、英語で考え表現できる能力が評価されているようだ。

金沢美術工芸大学の地域と産学の連携

石川県金沢市は、2009年、ユネスコの「創造都市ネットワーク」に世界で17都市目で、そのうえ世界初となるクラフト（工芸）分野で登録された。創造都市とは、独自の文化を持ち、それらを産業と結びつけ、新しい価値を創造している都市である。金沢美術工芸大学は、クラフト創造都市・金沢の人材養成機関として重要な役割を担っている。

同大学は、任天堂のプロデューサーで2007年タイム誌「世界で最も影響を与えた100人」に選ばれた宮本茂氏、工業デザインで国際的に有名な川崎和男氏、アニメ『時をかける少女』『サマーウォーズ』の監督・細田守氏などが輩出し、実力派クリエイターの人材育成で名を知られている。中央で活躍しながら、Uターンして金沢の文化ビジネスを支えるOBもいる。

同大学は社会貢献にも力を入れている。その教育によって人材育成が期待できるからである。その2本柱が産学連携と地域連携で、ともに研究センターとして独立している。例を挙げると、隣の福井県鯖江市は、めがねの有名な生産地で、その製品に同大学の学生のフレーム・デザインが採用されている。鯖江のめがねは高級品で品質には定評があり、さらにデザインに若い学生のセンスを生かせる。他にも地元の芋焼酎のラベルやネクタイなどにも学生のデザインが採用されている。

学生主体型の地域貢献も活発で、地元商店街との連携、空き店舗でのギャラリー運営、学生がデザインしたTシャツで広場を飾るイベントの開催、商店街マスコットキャラクターの制作、昔走っていた花電車のマイクロバスでの再現など、この地域は大学で学んだノウハウを生かす場にもなっている。社会貢献が学生の専門知識を育て、スキルとセンス、商品への感性を磨く実習の場になっているのである。

金沢美術工芸大学のような芸術系公立大学には、京都市立芸術大学、愛知県立芸術大学、沖縄県立芸術大学などがあり、地方の芸術文化振興の担い手として期待されている。

行き詰まる公設民営私立大学は公立化へ

1990年代、規制緩和の流れに乗って、地方自治体が設立主体で、運営は私立大学法人という「公設民営方式」という設置形態の大学が次々と生まれた。

1992年開学の東北芸術工科大学（山形市）、1994年の長岡造形大学（新潟県長岡市）、1998年の千歳科学技術大学（北海道千歳市）と九州看護福祉大学（熊本県玉名市）、2001年の東北公益文科大学（山形県酒田市）鳥取環境大学（鳥取市）などである。他に高知工科大学（高知県香美市）、静岡文化芸術大学（静岡県浜松市）、名桜大学（沖縄県名護市）も、現在は公立大学となっているが、開学当時は公設民営の私立大学として名乗りを上げた。

次々と誕生した要因は個々の大学によって異なるが、大まかにいえば、私立大学並みの学費を徴収できるので公的負担が少なくてすむ、私立大学なので収益事業が可能、教職員

[表３］公設民営大学の志願状況（2010年）

大学名	設立年	募集人員	志願者	合格者	競争率	総定員数	在学生数	定員充足率
千歳科学技術大学	1998	240	539	467	1.2	960	867	0.90
東北芸術工科大学	1992	446	1874	835	2.2	1674	2067	1.23
東北公益文科大学	2001	235	376	304	1.2	960	※759	0.79
長岡造形大学	1994	230	258	254	1.0	899	938	1.04
鳥取環境大学	2001	276	268	236	1.1	1104	621	0.56
九州看護福祉大学	1998	360	1398	711	2.0	1440	1437	1.00

注・①出典は各大学ホームページ。②志願者は一般入試＋推薦入試。
③競争率は志願者／合格者。④定員などは４学年合計または収容定員。⑤※は2009年度

は「みなし地方公務員」として扱う必要がない、大学経営と教育研究活動を分離できる、などが挙げられた。

ところが結果的には、公設民営大学の志願状況はいまひとつパッとしなかった（［表３］参照）。光科学という先端科学を学ぶ千歳科学技術大学と、システム情報科学を学ぶ公立はこだて未来大学（北海道函館市）とを比べてみると、公立大学が志願者集めで有利なことがよくわかる。

初年度納入金が安いうえにロケーションのよい公立はこだて未来大学は（公立なので、この表には入っていないが）志願倍率５倍をキープしている。これに対し、最先端技術を学べるのに千歳科学技術大学は競争率１・２倍前後で苦戦、結果的に定員割れの状況になっている。函館と千歳というバックエリアの違いは無視できないが、公設民営といえども、地方私立大学の苦しいくびきから解放されないのだ。

そのため、最近は志願者減を背景に公設民営私立大学が、

公立大学に転身する事例が相次いだ。

成功した高知工科大学の起死回生策

２００９年度の高知工科大学、２０１０年度の静岡文化芸術大学と名桜大学が、私立から公立への転身組である。数年前に公設民営方式でスタートした私立大学が、設立主体に頼って公立大学（法人）化を進めたのである。

その先陣を切った高知工科大学は、１９９７年に開学。「高知県には工学部がないので、工学志望の高校生が他県に流れてしまう」という地元産業界の危機意識を反映して生まれた。地元の後押しを得て、当初はシステム工学単科でスタート。時代の先端を行く研究内容やレベルの高い教員を集めたとの評判で、初年度の志願者は、定員４００人に対し５・3倍と好調なスタートを切った。

ところが2年目からは、少子化による受験人口の減少や、受験生の工学系離れなどもあり、志願者も減少に転じた。２００４年の国立大学の法人化で、各国立大学が定員を上回る入学者を認めるようになったことも影響し、２００８年度入試には過去最低の志願者数になって、入学者は募集人員を下回り、事実上定員割れの状態に陥ってしまった。

2008年の時点では、学生数が2000名と規模が拡大し、国からの私学補助金はかなりあった。ただ学費は、初年度納入金が関西の有名大学「関関同立」(関西大学・関西学院・同志社・立命館)並みだった。

なぜ規模が拡大する中で志願者が減ったのか。

まず公立大学でなく私立大学という社会的評価がある。地方では私立大学よりも国公立大学のほうが高校や保護者から評価が高く、学費も安い。さらに、地方自治体の提供するキャンパスのロケーションがあまりよくない(静岡文化芸術大学などは例外)、就職活動で不利、などが挙げられる。特に最近は長びく不況で学費の高さがマイナス要因になったようだ。子どもが2010年に高知工科大学を受験し入学した母親が、「とにかく学費が安くて助かった」と喜んでいた。

同大学は、開学10周年を機に改革に着手し、2008年にマネジメント学部を開設した後、2009年から、工学部5学科を3学群13専攻に再編すると同時に、公立大学へ転身したのである。その結果、志願者は急増し、2009年度一般入試の志願倍率が前年の1・2倍から10・4倍に大幅にアップした。全学の入学者も募集人員を50人以上も上回った。この志願者増は、授業料が従来の124万円(工学系)から54万円に下がったこともあるが、2009年度入試が私立大学型の3教科で受験できたことも大きい。

2010年度は、他の公立大学と同じようにセンター試験と個別試験という一般入試になったため競争率は下がったが、それでも4~5倍程度をキープした。入学手続き率も高く定員を上回っている。そのため、公立化前の欠員を補充できた。2011年春の高知工科大学一般入試の分離分割方式後期試験では、志願倍率が各科とも10倍を超え、環境理工学群に至っては50倍を超えた。

公立化の成功例といえるであろう。

鳥取環境大学も公立化へ

公設民営の私立大学の多くは志願者減で苦戦し、結果的に定員割れになっているところもある。地方経済が疲弊し、その影響で私立大学並みの学費では受験生から敬遠されてしまうのだ。私立大学全体で40%の大学が定員割れという状況なので、地方に多い公設民営の私立大学だけが特別ではない。しかし、公設民営の大学は創設時に多額の税金を投入されているだけに、他の私立大学に比べ、定員割れにきびしい社会的批判が出てくることは避けられない。現に設立時の主役である地方自治体の議会で、議員から定員割れ対策について鋭い質問が飛ぶ、ということも珍しくない。このような現状を見ると、公設民営の私立大学の一部に近い将来、限界が訪れる可能性は高い。

公設民営である鳥取環境大学は、2009年7～8月に県内の高校教員や高校2年生と保護者に対し、同大学の教育内容に関するアンケートを実施した。調査結果では、教員・保護者の約半数が、公立化を要望する回答になっている。また同大学の学科の特徴について、具体的に「知っている」生徒は2％に過ぎず、生徒の66％が、同大学を「自分の進学の候補とならない」と答えている。

そこで鳥取県、鳥取市、大学が共同で、「新生公立鳥取環境大学設立協議会」を2010年10月に設立し、2012年4月の公立化を目指して、魅力的な大学に生まれ変わらせるための抜本的改革について協議を進めている。

法人化が契機になった静岡文化芸術大学の公立化

静岡文化芸術大学の公立化の理由の一つには、公立大学も法人化ができるようになり、実質的に教育研究と分離した大学運営が可能になったということがある。

同大学が位置する静岡県浜松市やその周辺には、浜松医科大学や豊橋技術科学大学（愛知県）など理系中心の国立大学はあるが、文系中心の公立大学がないため、文系受験生は名古屋や東京に流れてしまい、「地元に文系の大学を」という浜松市や商工会議所などからの要望があった。そうした背景から、公設民営の私立大学として生まれた。

この大学が、２０１０年に公立化を果たした目的・意義として次の点を挙げている。

①もともと静岡県が設立した大学が、私立大学から公立大学の法人となること。

②地方の高校や受験者は国公立志向が高く、県立の大学となることで、本学にふさわしい学生の確保が期待できる。

③財政的な経営基盤が確立すること。具体的には、大学運営に対する静岡県の助成が補助金から交付金になることや、県が出資した校舎の大規模修繕など県が責任を持つことになる。

④中期目標や中期計画の策定が義務付けられ、大学が取り組む方針や具体的内容が明らかになり、また、ＰＤＣＡサイクル手法による合理的な大学運営が促進される（ＰＤＣＡサイクル手法とは、Plan〈計画〉・Do〈実行〉・Check〈点検〉・Action〈改良〉を繰り返して、継続的に改善を目指す品質管理の手法）。

この①と②は内容的にも関連がある。

2010年度に公立化するという方針が明確になった2009年入試では、まだ公立化していないのに、進学校からの志願者が増加した。

進学校は、国公立大学への合格実績を重視する。高校受験生や保護者も、その高校から何人、国公立大学合格者を出したかを評価の基準にすることが多い。そのため、進学指導の先生は、生徒に公立大学に合格する力があれば、私立大学よりもそちらを勧めることになる。概して国公立大学のほうが就職状況もよいことが多いので、先生としては指導しやすい。

半面、公立化によって生じる問題がないわけではない。私学なら可能であった収益事業は、もしそのような事業を展開している場合は、撤退しなければならない。また学生納付金も他の公立大学と同じようなレベルに下げる必要がある。高知工科大学は施設整備費も徴収しなかった。

静岡文化芸術大学の授業料は以前も公立大学と同水準なので問題はないが、施設利用料は2011年度には徴収しないことになった。

公設民営方式のねらいであった大学運営と教育研究の分離については、法人化によって公立大学でも可能となった。同大学の場合は、それが公立化の強い契機となったようだ。

地域貢献は公立大学のＤＮＡ

地方財政がきびしくなる中で、既存の公立大学の教育研究活動が見直しの対象になってきている。そのポイントの一つは、「地域貢献がどの程度、効果を上げているか」である。先述の金沢美術工芸大学は、その好例である。

ほかにも積極的に取り組んでいる公立大学は少なくない。

釧路公立大学（北海道）は「地域経済研究センター」を作り、地域の課題をフォーカスして外部の人材を積極的に客員研究員として導入し（外部化という）、同研究プロジェクトを立ち上げた。その結果、産廃物を利用した木質複合材を開発し、大学発ベンチャーが生まれた。

同センター長である小磯修二学長によれば、ほかにも釧路市観光マスタープランの策定に役立つ観光の経済波及効果や、地域内生産物調達の経済や雇用への効果の研究などに取り組んでいる。

また全国平均より多い釧路市の生活保護受給世帯に対して、福祉の枠を超えて産業や教育を総合的に組み合わせて自立するプランを策定し、その具体的な方向性を提起できた。

現在では全国の地方自治体から関心が寄せられる釧路市の自立支援策となっている。

比較的小規模な地元密着型の市立大学ならではの地域貢献であろう。

同じ公立でも県立大学では、広く多様な地域の課題に取り組む例が少なくない。

秋田県立大学のバイオディーゼル燃料に利用できる「菜の花研究プロジェクト」や、学生のための職業教育プログラムとして地元への貢献意欲を高める「ふるさとキャリア」などは面白い例だ。

ほかにも滋賀県立大学の「近江楽座《おうみらくざ》」は、自然や習俗の再生、ふれあいを通じた看護塾、古民家の保存と活用、廃村の村おこしなど、38種の地域活動を展開している。また同大学は琵琶湖の環境問題にも積極的に取り組んでいることで全国的に知られる。

県立広島大学の中山間地域再生・活性化の活動は、地元メディアによく取り上げられる。楽しい話題や国際貢献にもなる活動が多いからだ。たとえばナノテク素材のフラーレンを使って皮膚老化の原因である活性酸素を消去する技術を地元の町の協力で実現したり、ベトナムに残る枯葉剤やダイオキシンをキノコで分解する試み、地元の佐木島・健康お遍路構想など、トピカルなテーマも少なくない。

元炭鉱の町・田川市にある福岡県立大学は、不登校・ひきこもりサポートセンターを設置し、「不登校・ひきこもり援助力養成プログラム」で2008年に国からの公的資金を受けた。専門教員、学生、センター研究員が一体となって、総合支援とともにキャンパス・スクールを運営し、教育研究活動の成果を全国に発信し、反響を呼んでいる。

このように全国の公立大学で、地域の課題に取り組むさまざまな活動が展開されている。まさに地域貢献は公立大学のDNAである。

都留文科大学は市民の誇りになっている

公立大学の多くは、地元の高校生に進学機会を提供しているだけでなく、地元に必要な人材を提供している。たとえば、区域内（県・市域）就職率が50%を超えている公立大学は、地元出身者が多く、社会的ニーズのある看護や福祉系の大学である。

公立女子大学も同じ傾向がある。また沖縄のような独立性の高い地域も概して区域内就職率が高い。大学自体が地元住民の進学ニーズに対応しているためといえよう。

それでは区域内就職率が10%以下という公立大学の場合はどうなのか。

釧路公立大学、公立はこだて未来大学、国際教養大学（秋田市）、高崎経済大学（群馬県）、都留文科大学（山梨県）、奈良県立大学、尾道大学（広島県）などである。多くは市立大学などで、狭い地域のため、もともと地元の求人がそれほど期待できないことが多い。周辺地域を含めると、就職率はもっと高くなる。

ただし国際教養大学、高崎経済大学、都留文科大学のように全国的に人気があり、入学者は圧倒的に区域外が多いという大学もある。

たとえば都留文科大学は都留市の人口約3万人のうち同大学生が1割弱を占め、大学の存在自体が地域に貢献し、市民も同大学に親しみと愛着を持っている。小学校教員養成に実績があり、関東甲信越を中心に学校教員にOBやOGが輩出していることで、各地から受験生が集まってくる。都留市そのものが大学によって支えられているミニ大学タウンなのである。全国のほとんどの高校の進学指導教員は都留文科大学を知っており、長い伝統に支えられたそのネームバリューは大きい。

公立大学の地域貢献もさまざまなありようがあるが、地域の人材育成の場として公立大学には、さらに大きな期待が寄せられているのである。

法人化で職員も強力なスタッフに

法人化6年目を迎えた地方国立大学も、存在意義を地域社会にPRしようという姿勢を強め、文部科学省も運営費交付金をなるべく維持するために、各地方国立大学で独自な社会貢献策を打ち出すよう働きかけている。では、国立大学の地域貢献と公立大学の地元における役割とはどう違うのか。

国立大学の地域貢献は、豊富な研究分野の蓄積を背景とした理工系を中心とした産学連携が主体という印象である。それに比べ、公立大学は地域のニーズや特性に応じて設置された小規模大学が多く、地域に必要な人材育成を行っている。そのため、公立大学の教育・研究自体が地域貢献の役割を果たすものとなっている。

加えて既存の研究分野だけにこだわらず、地域はどのような課題を抱えているか、それを解決するにはどうしたらよいか、という課題解決型の発想で公立大学は地域貢献に取り組んでいる。

その一つの例が、前述した釧路公立大学の、外部化を積極的に展開するプロジェクトである。行政や民間企業の実務担当者や研究者に参加してもらうことで、問題意識が鮮明となり課題解決の現実性が高まり、コストも低く抑えられる。プロジェクトなので恒久的な制度化は必要がなく、固定化されないために次の課題にも柔軟に対応できる。

それを可能にするのが、公立大学の教職員の共通した目的意識である。公立大学法人の教職員は財源が地方自治体の運営費交付金であるという共通認識があり、常に地域に目が向いている。

きびしい地方議会のチェックもあり、国立大学は運営費交付金が毎年1％減らされたとブーイングが全国で高まっているが、公立大学は設置団体の予算削減率に合わせて、2桁台の削減も珍しくない。

規模が大きく学部自治が確立した国立大学に比べ、公立大学の多くは1000人から5000人と比較的コンパクトで小回りがきき、地域貢献の推進体制を含めた学内改革もしやすい。

たとえば、群馬県立女子大学は、学生数1000人弱で、文学部と国際コミュニケーション学部の2学部という比較的小規模の地方公立大学であるが、ここ数年、学長のリーダーシップで大きくイメージチェンジを図り成功している。

地域研究として「群馬学」を提唱して毎年シンポジウムを開き、2009年春には「群馬学センター」を設立して話題を呼んだ。市民公開講座も充実しており、各国の駐日大使や有名な文化人を講師に招き、学生の意欲を刺激している。

卒業時にTOEIC730点到達を目標にしている国際コミュニケーション学部で、20

09年卒業の4年生は、平均得点745点を達成した。留学制度が充実していることでも定評がある。これは国際教養大学と同様、地方にあっても国際化を進められることの証しだ。グローバリズムを担う人材育成にもつながるであろう。

これらの進化も、学長のリーダーシップのもと、教職員の努力の成果だ。かなりの残業をこなしながら、事業を推進する事務局の力も大きい。

公立大学職員といえば、県や市の異動人事や天下りという紋切り型な批判が多いが、実際には隠れたメリットも少なくない。

地方自治体の行政職の職員ならば、地元で率先して取り組むべき地域貢献のテーマを策定しやすいし、またその課題解決に力を貸してくれる官庁や企業の人脈もある。プロジェクトを立ち上げる教員と協働して、課題設定から問題解決まで、いろいろな法規や規則を適切に踏まえながら、目的に向かって事業を進める力がある。事務処理能力はもちろん政策立案能力を併せ持つ地方公務員の強みである。

入試や教務など大学の実務に関する知識と経験の不足という弱点はあるが、法人化が進んで法人採用の職員がそうした実務の専門家として成長してくれれば、両輪となって大学の改革を進める強力なスタッフとなるであろう。

独自な改革やプロジェクトを打ち出せる公立大学の独立性、住民への積極的な情報公開に加えて、こうしたスタッフの潜在的力量などを考えれば、国立大学や私立大学ではまねできない、ユニークな地域貢献が、十分可能なはずである。

コラム2

公立大学受験の穴場、中期日程

公立大学では、定員割れはできる限り避けなくてはならない。定員確保は地方財政面でも最重要課題である。

定員割れを避けるには志願倍率を少なくとも2倍以上、できれば3倍にしなくてはならない。私立大学では最低ラインは2倍で、実質的に志願者をほぼ全員合格にしても、合格者入学手続き率が5割を切れば入学定員以下になってしまうからである。公立大学は私立大学ほど定員割れの可能性は高くないが、近隣の国立大学との競合関係から自校を第1志望とする優秀な受験生に受けてもらいたい、という気持ちは強い。

国公立大学受験生は、センター試験が第1次試験で、その自己採点によって2

次の出願をする。各大学の個別試験である。この個別試験は、前期日程と後期日程の2回受験でき、日程は統一されている。AO入試や推薦入試を除けば、国立大学受験生は2回しか受けられない。日程さえ許せば、原則いくらでも併願できる私立大学一般入試と違うところである。公立大学も多くは、国立大学と同じである。

志願倍率を手っ取り早く上げ、定員割れの事態を回避するには、前期後期とは別の公立大学だけができる中期日程にすればよい。国際教養大学や新潟県立大学のように入試を別日程にする離れ業もある。

中期日程なら、国公立大学入試を3回受験できる。そのため、中期日程の志願倍率はかなり高くなる。

2011年入試で、公立大学中期入試の倍率は次のようになっている（小数点以下、四捨五入）。

釧路公立大学経済10倍、高崎経済大学経済14倍、金沢美術工芸大学7倍、都留文科大学文12倍、岐阜薬科大学19倍、静岡県立大学薬10倍、名古屋市立大学薬18倍、大阪府立大学工14倍、兵庫県立大学理19倍、奈良県立大学地域創造14倍、岡山県立大学情報工31倍、下関市立大学経済17倍。

いずれもかなりの高倍率である。

ただし中期日程の場合、合格者のうち何名が入学してくれるか、合格者の入学手続き率の読みがむずかしい。この中に他の国公立大学前期合格者が相当数見込まれるからだ。もし欠員が出れば、どのように補欠入学者で埋め合わせていくか、学生の質の確保という別の問題を抱える可能性は大きい。

ただ見方を変えれば、国立大学の前期や後期とは別の中期日程は、公立大学に与えられた特権である。しかし、この中期日程を実際に選択する公立大学は少ない。公立95大学（実質80）のうち12大学程度で、それも多くが一部の学部の実施である。やはり前期日程にして自学を第1志望とする受験生をとりたい、受験生が集中して志願倍率が高いと採点の手間も大変、その割に合格者の入学手続き率も低く、どの程度になるか読みにくい、などの事情があるためであろう。

しかし、中期日程をほとんどの公立大学が採用すれば、中期日程の総定員が大幅に増え、国立大学の後期日程と同じように、受験機会としては国立大学前期と並ぶ受験候補として人気が高まる可能性がある。また受験料収入もバカにはならない。

公立大学として地域での活躍の場が周知されれば、もし国立大学と両方受かっても、公立大学を選択するケースが現在より多くなることもありうる。

理工系や教員養成系にシフトしている地方国立大学に対して、文系や芸術、地元の産業に寄与できる先端科学などで対抗できる学部学科構成の大学づくりを目指すべきである。それによって、公立大学ならではの存在価値を高めることができるであろう。

第3章　生き残りをかける私立大学

私立大学は、学部生数で全大学生の77％を占める。日本の大学教育のメインとなっているのだ。マスコミは私立大学の4割が定員割れと騒ぎたて、今や絶体絶命のピンチにあるかのように報道する。しかし、定員充足率は単純な一つの指標に過ぎない。

2011年4月からの大学情報公開義務化により、そうした危機にあるといわれる大学の全体像が明らかになる。定員割れだけでなく、就職率などのデータも入手できる。

2004年の私立学校法改正によって、すでに私立大学の約90％がホームページで財務情報を公開しているので、それと併せて分析するとよい。定員割れしていても意外に財務が健全な大学があったり、逆に志願者が多い有名大学でも財務が悪化したりしている事実が判別できる。

その意味で、さまざまな情報公開によって、私立大学では淘汰の新時代を迎える。伝統ある有名私立大学でも、安心してはいられない。地盤沈下は、気づいたときにはもう手遅れかもしれないのだ。

大学情報公開義務化で教育実態が明らかに

大学設置基準等の改正が行われ、2011年4月から大学や短大、大学院、高等専門学校の情報公開が義務づけられた。

大学のホームページを開いて、サイトマップで「情報公開」という項目を見つけ、そこをクリックすればよい。大学によっては、意図的に隠しているのではないかと思いたくなる場合もあり、なかなかたどり着けないこともある。「文書でのみ公表」という大学もある。そのような大学は要注意と考えたほうがいいかもしれない。

情報公開が義務化されるのは、学部・学科・課程などの名称、教員組織・教員数・教員の学位・業績、入学者数・定員・在学者数・卒業者数や、学部・学科・課程・研究科・専攻ごとの教育研究上の目的や授業、修業年限に必要な修得単位数や取得可能な学位など、所在地や交通手段・キャンパス・施設・課外活動など、授業料・入学料などの費用や授業料減免や奨学金の概要などの9項目である。

もちろん、これは私立大学だけでなく、国公立大学や短期大学、大学院、高等専門学校なども対象となる。専門職大学院である法科大学院や教職大学院に定員割れのケースは少なくないが、未公表の大学院もあった。それがすべて公表される。

私立大学の4割が定員割れという現状にあって、この情報公開によって入学者数や在学生数のほか、卒業・修了者数なども公表しなくてはならなくなった。大幅な定員割れの私立大学にはショックかもしれない。文部科学省の調査では、大学の入試案内や大学紹介についてのホームページは受験生向けに不可欠のため、ほぼ100%つくられている。しかし、そのホームページで、入学者数、在学者数や修了者数、教員数などの数字を全面的に公開している大学は、6割程度しかなかったのが現状だ。

また情報公開によって、入学者数と在学生、4年後の卒業者数を比べれば、中退や除籍、留年などの総数もおおよそわかる。大学にとっては外部に知られたくない数字だ。ただし退学率そのものは公表義務化の中にはない。1990年代半ばから、大学中退者が増加しており、フリーターやニートの予備軍になっているといわれているだけに、その実態も明らかにすべきであろう。

大学の経営状態を見抜く六つの指標

私立大学の経営状態を知るには、次に挙げる六つの指標（算式）が専門家でなくても比較的わかりやすい。いずれも財務情報や在籍学生数と定員の情報などから割り出す。

①帰属収支差額比率
②自己資金構成比率
③人件費比率
④教育研究経費比率
⑤入学定員充足率
⑥専任教員1人当たりの学生数

などである。そのポイントを次ページの［表4］にまとめてあるので、参照してほしい。

まず①の帰属収支差額比率を説明しよう。帰属収入（負債でない収入）には学生生徒等納付金、手数料、寄付金、資産運用収入や補助金、事業収入などがある。この帰属収入が消費支出を上回ると差額が生まれる。これは企業でいえば利益に当たる。それによって奨学金の拡大や施設・設備の充実にまわせる財政的余裕が出てくる。帰属収入に対する差額の割合が経営状態を見るポイントになる。

大学法人全体で、ここ数年、帰属収支差額比率は低くなる傾向にあり、全国平均で1998年は13％だったものが、10年後の2008年は1％にまで落ちている。特に世界金融危機のため、資産運用収入がマイナスになった影響が大きく出たと思われる。

[表４] 大学の経営状態を測る主な指標

<table>
<tr><th>指標</th><th>計算式</th><th>評価</th><th>最頻値（%）</th></tr>
<tr><td>①帰属収支差額比率</td><td>（帰属収入－消費支出）／帰属収入</td><td>高いほどよい</td><td>10.0〜19.9</td></tr>
<tr><td colspan="4">ポイント
帰属収入とは学生からの納付金、事業収入、補助金などである。消費支出とは人件費、教育研究経費、管理経費などとなっている。</td></tr>
<tr><td>②自己資金構成比率（学校法人）</td><td>自己資金／総資金</td><td>高いほどよい</td><td>90.0〜94.9</td></tr>
<tr><td colspan="4">ポイント
自己資金は基本金+消費収支差額、総資金は自己資金に負債を加算したものである。負債の大きさがわかる。基本金については本文参照。</td></tr>
<tr><td>③人件費比率</td><td>人件費／帰属収入</td><td>低いほうがよい</td><td>45.0〜49.9</td></tr>
<tr><td colspan="4">ポイント
人件費は、ほとんどが教職員の人件費である。ただ優秀な教職員を確保するには、あまりこの数字が低すぎるのも問題ではある。</td></tr>
<tr><td>④教育研究経費比率</td><td>教育研究経費／帰属収入</td><td>高いほどよい</td><td>28.0〜29.9</td></tr>
<tr><td colspan="4">ポイント
教育研究に関する修繕費、消耗品費、光熱水費、委託費、旅費交通費、印刷製本費などが教育研究経費である。人件費は別。</td></tr>
<tr><td>⑤入学定員充足率</td><td>入学者数／入学定員</td><td>バランスよく</td><td>110〜119.9</td></tr>
<tr><td colspan="4">ポイント
帰属収入に占める学生納付金の割合が大きいため、マスコミなどではこの数字がとりわけ重視されるが、全体的に判断する必要がある。在籍学生数／収容定員も重要。</td></tr>
<tr><td>⑥専任教員１人当たりの学生数</td><td>在籍学生数／専任教員数</td><td>バランスよく</td><td>12.1〜15.0</td></tr>
<tr><td colspan="4">ポイント
少人数教育を考えれば、この数字は低いほうがよいが、経営的にみれば、多いほうが効率がよい。</td></tr>
</table>

※日本私立学校振興・共済事業団『今日の私学財政』より抜粋して作成

またこの帰属収支差額比率が0％未満、すなわち赤字の大学法人は、2003年では25％に過ぎなかったが、2008年には44％に達している。差額比率がマイナス20％になる大幅赤字の大学法人は2003年に約7％だったが、2008年には急増し、69校、約13％を占めるまでになった。

帰属収支差額のマイナスが続くと、当然、自己資金構成比率も低くなり、「基本金」（学校を維持していくための土地、校舎、備品、預金などの資産）に組み入れる原資の余裕がなくなる。

自己資金とは基本金と消費収支差額（消費収入－消費支出）を加えたもので、総資金はそれに負債を加えたものである。だから②の自己資金構成比率が50％を割ると、負債すなわち他人資本のほうが上回っていることになる。

現実には、自己資金構成比率は大学法人においては90％前後が多くなっており、大学法人の財務の状態がおおむね健全であることを示している。90％以上なら文句なしであるが、70％台の大学法人もある。やはり80％ラインを上回るのが望ましい。基本金の性格上、大学単体ではなく、法人として判断すべきである。

民間企業なら、赤字となるとすぐに手をつけるのが人件費である。しかし大学では人材が最も貴重な資源だ。安易な人件費削減は逆効果となる。その点のバランスを見るのが、③の人件費比率である。国立大学でも大阪外国語大学のように80％を超えると、経営的にきびしくなる可能性が高い。おおよそで人件費が帰属収入の50％弱という大学法人が多い。70％を超えるときびしいものがある。私立大学医学部は平均して人件費比率が70％を超えており、80％に近づくと、やや綱渡りの状態になると見られる。

また人件費の内訳にも注意したい。教員と職員の構成比率や教職員1人当たりの人件費の実額だ。最近は一部の業務を外部に委託する大学法人も増えている。半面、教員の質的レベル向上に傾注しているかどうかという視点も持つべきだ。

④の教育研究経費比率は、その大学の教育研究活動への熱意を測る一つの目安となる。教育研究施設に関わる修繕費や光熱水費、消耗品費、委託費、旅費交通費、印刷製本費などで、これらが十分に確保されなくては、教育研究活動が沈滞する。人件費は含まれない。ちなみに教育研究経費比率は、付属校などを除く大学単体では、30％弱の数字が多くなっている。

⑤の入学定員充足率はよくマスコミに取り上げられ、わかりやすい指標であるが、この充足率が１００％に満たない年が続くようだと、全体で大きな定員割れになって、将来の

学校経営に支障をきたす可能性が高い。定員割れは定員数に対する在籍学生数の割合ですぐにわかる。逆に大幅な定員超過も教育の質の面から問題である。

さらに少数教育を目指す大学にとっては、⑥の専任教員1人当たりの学生数が少ないほうが、教育という視点からすればよいことは確かである。しかし、それもしっかりした経営基盤があってこその長所となる。教員が多すぎて人件費比率が高くなると、経営的に身動きがとれなくなる。

以上のように、大学法人や大学単体の財務分析は経年による比較や比率による比較など、比較分析を行う手法として大変重要であるが、全体の志願動向や、さらに個々の大学の教育内容や特色について調べることも大切である。

最近は単に情報公開すればよいというだけでなく、しっかりと理解してもらいたいという大学側の気持ちが強まっている。ホームページでもわかりやすい用語解説をつけている大学もある。

国からなぜか軽視される私学の存在

現在の日本の高等教育において、私立大学の学生数は先述のように学部生で全大学の77

%、院生を含めても約73%を占める。文系では学部生の場合、90%を超えている。理工系においても65%に近づいている。このような現実を踏まえるならば、私立大学における教育研究のコストは、国立大学と同様に、国民全体が社会的に負担すべき費用である。

ところが現状では国からの補助金は私学収入の11%程度である。国立大学法人の収入では、付属病院があるかどうかなどで算定のやり方にやや違いがあるが、40〜60%が国からの運営費交付金となっている。その差は大きい。

私学助成の主な柱である経常費補助金は、私立学校振興助成法に「私立大学などの教育条件と研究条件の維持向上、および在学生の修学上の経済的負担の軽減を図り、さらに経営の健全性を高め、もって私立大学等の健全な発達に資する」という旨が書かれている。経常費補助金が十分な金額ならば、この目的のとおり、大学経営は安定し、学費の値上げを抑えることは可能である、しかし、現実には同法で示された経常的経費の2分の1以内の助成という目標からは、むしろ遠ざかっている。

経常費補助金の一般補助は、各私立大学などにおける教員、職員、学生数などをもとにし、さらに収容定員や入学定員の超過率のほか、教員組織の充実度、学生納付金の教育研究経費への還元状況を考えて、基準額が傾斜配分される。

国庫からの補助は、2008年度で私立大学生は1人当たり年間約15万8000円であるが、国立大学生は約187万5000円になる。病院関係など算定項目に違いがあるため正確には比較できないが、実に10倍の開きとなっている。

昔は、地方の優秀な高校生を学費の安い国立大学へ進学させるという政策意図があったかもしれない。しかし、東北大学大学院の吉田浩教授が実施した進路調査によると、年収400万円以下という低収入の家庭でも、国公立大学進学者が10％なのに、私立大学進学者が20％もいるのである。

私立大学の社会的役割が今後ますます重くなっていくうえ、国立大学が法人化して財政支出が競争的資金にシフトしている以上、大学への公的支援についても、国立大学と私立大学の置かれた条件も公正にすべきだ。あまりに私学が軽視されているといえよう。

成美大学や愛知新城大谷大学と、地方自治体の微妙な関係

わかりやすいだけにマスコミが注目するのが定員割れである。

2010年度に定員割れした4年制の私立大学（通信制や募集停止中の大学は除く）は全体の38・1％で217校あった。過去最多だった2008年度の47・1％（266校）か

らは9ポイント（49校分）減った。しかし、危機レベルの私立大学が少なくなったわけではない。

たとえば、京都府北部唯一の4年制大学で、2010年4月に名称変更した成美大学（旧・京都創成大）は、福知山市から27億円の支援を受け2000年春に開学。公設民営とは一味違い、公私協力方式と呼ばれる。ところが当初から定員割れとなり苦戦続きだ。収容定員420人に対し学生は193人で、大幅な定員割れとなっている。2010年度は約1億6000万円の赤字を計上している。

そこで、今後存続すべきかどうか論議されている。しかし、福知山市の立場は苦しい。募集停止にでもなったら、議会で巨額な支援の根拠について政治的責任を問われることになるかもしれない。このように地方自治体の財政的バックアップがあっても、地方の小規模の私立大学が生き残ることは困難になりつつあるのだ。

2010年に新規募集停止をした愛知新城大谷大学は、新城市の大学誘致策に応募した私立教育法人で、2004年度に開学した。実質的に公私協力方式の大学だったといってよいだろう。

しかし高知工科大学や名桜大学などのように公設民営方式でも、その多くは苦戦した。

今なお定員割れの公設民営大学も少なくない。

愛知新城大谷大学も、その例に漏れず開学当時から定員割れが続き、2009年5月に募集停止を公表した。公私連携で、新城市が用地を整備して無償で譲渡し建築費もサポートし、その額は約21億円にのぼった。公私協力方式の私立大学もきびしい。

募集停止となると、地方自治体にとって、出資はもともとは税金か公債だったから、住民に対する説明責任も生まれる。

私立大学全体でも定員充足率が50%以下と欠員が大幅な私立大学が41校で7%、充足率80%以下ともなると4分の1の25%に達するのである。

ホームページの情報から、定員充足率が60%以下の私立大学の主なところは、次のとおり（2010年）。公表しているだけ、存続に自信があるといえるかもしれない。

苫小牧駒沢大学、宇都宮共和大学、東京純心女子大学、神戸山手大学、芦屋大学（兵庫県）、甲子園大学（兵庫県）、奈良産業大学、岡山学院大学、東亜大学（山口県）、鳥取環境大学など。

むしろ学生にとっては、少し程度なら定員が下回っていても、教員や教室、設備などが充実していれば、そのほうが少人数だけに使い勝手のよいキャンパスといえる。定員割れ大学の出身ということで、心配なのは就活だけだ。

定員割れについては、「実際の入学者／入学定員」という数字で表すこともあるが、これはその年度の入学定員充足率である。定員割れという場合、「在籍学生数／総定員」のほうが正確で、これが100％を切っている状態である。

ふつう、定員とは学部定員の総計であるが、大学には学則などで決まっている収容定員があり、学部定員の総計と収容定員とが異なる場合があるので注意したい。

その意味で、定員割れの数字をそのまま盲信するのは危険である。

定員割れの私立大学が、あまりその実態を公表したがらないのは、受験生や高校教師へ与える印象が悪化し、マスコミに騒がれることを嫌うこともあるが、定員割れが続けば学校経営に大きな影響が出てくるからである。

医学部のない私立大学法人の場合、負債を除いた帰属収入のうち学生納付金が約4分の3を占める。医学部を持つ場合は他に事業収入があるため50％強になるものの、やはりそのウエイトは大きい。定員割れで在籍学生数が減少すると、さまざまな形で大学財政に悪影響を及ぼす。

これまで金融機関や取引先、就職先企業などにも配慮して非公表にする大学が少なくなかったが、今回の情報公開義務化で公表は避けられなくなったわけである。

定員大幅超過の大学は問題ないのか

現在、マスコミで「つぶれる大学」とか「壊れる大学」と騒がれているのは、定員充足率が大幅に低い大学である。では反対に、大幅に定員超過している大学はどうなのか。

確かにお店でいえば、満員御礼でおめでたいことのように思える。経営的にも学生納付金ががっぽり入り、帰属収支差額も大きくなる。私学経営としては望ましい。

しかし、学生の立場から見たらどうだろうか。

大学入学定員は大学側が、教育の質を保ちさらにレベルアップしていくのに、カリキュラムや教室など施設や教員数から見て、これが適正であろうと判断して決めたはずである。それをはるかにオーバーしたら、充実した大学教育を続けられるのだろうか。

だから文部科学省は定員超過状態にもきびしくチェックを入れているのである。実際に、入学定員オーバーを実名で名指しされた大学もある。

実際には志願者が多いので定員超過になるわけだから、比較的有名な私立大学が目立つ。学部定員数に比べ、在籍学部学生数が20％ほど多い目安で実例を選んでみた（先述したように入学総定員と収容定員とが異なる場合もあるので、この目安も万全ではない)。また2011年度の入学者によっては、超過率がダウンしていることもあるので、注意。

北海学園大学(北海道)、東北芸術工科大学(山形県)、独協大学(埼玉県)、青山学院大学(東京都)、国学院大学(東京都)、上智大学(東京都)、成城大学(東京都)、東京理科大学(東京都)、東洋大学(東京都)、日本女子大学(東京都)、法政大学(東京都)、愛知大学(愛知県)、京都外国語大学(京都府)、神戸女学院大学(兵庫県)、西南学院大学(福岡県)、福岡大学(福岡県)。

以上はおおよそ超過率20%以上であるが、他の有名私立大学にも20%弱というところがかなり多い。関西大学(大阪府)は、ほぼ20%の超過率となっている。

入学手続き率の読み間違いで、予想以上に多くの合格者が手続きをしたとの弁解もあるだろうが、2～3年を経れば微調整はできるはずである。

むしろある程度の定員オーバーを前提に、大学運営を考えているのではないかと思われてもやむをえない。もし、これらの大学がすべて入学定員を厳守したならば、小規模な私立大学の定員割れは避けられるのではなかろうか。

早稲田大学の復活はスポーツだけか

2011年新春の箱根駅伝優勝、大学ラグビー選手権で準優勝、また2010年秋の東京6大学野球での早稲田の優勝シーンをテレビで見て喜んだOBは多かったことだろう。実は、早稲田大学は他のテニス、剣道、ヨット、女子サッカーなどでも全国優勝しているのである。2003年に新設したスポーツ科学部の80人スポーツ推薦枠が功を奏したという声も多い。またオリンピック級選手を対象にした授業料供与の「トップアスリート入試」も話題を呼んだ。

早稲田大学の実情を知るOBの大手新聞記者は、箱根駅伝のゴールで声援を送り感極まりながらも、「早稲田はこれからさらに慶応に差をつけられちゃうだろうなあ。OBでも高くて泊まれない高級ホテルを作らせたり、系列校を増やして定員割れを起こしたり……。何を考えているのかわからない」と嘆いていた。

そのホテルとは、早稲田キャンパスに隣接した敷地に建てられた、リーガロイヤルホテル東京のことである。立地条件のせいもあるが、他の一流ホテルに比べ集客率において、もう一歩というのが、関係者の評判だ。土地信託方式になっており、建物は2024年に早稲田大学に引き渡されることになっている。

定員割れとは、大阪の私立摂陵中学・高校（茨木市）のことである。2009年の高校入試で、入学定員は245人だった。それがなんと志願者35人、合格者28人、入学者11人という悲惨な結果だった。定員割れという表現さえためらう。さすがに2010年は寮制度を完備し、横浜試験会場などを設けたため、受験生は増えた。普通科の類別で異なるが、1・4倍から2・6倍の倍率になっている。

先の新聞記者の嘆きは、早稲田OB特有の自嘲的愛校心といえるかもしれない。

早稲田大学の創立125周年記念事業の寄付金集めは難航した。ある企業ではOBの重役から社内OBに応じるようにとの手紙がきたが、寄付は思ったように集まらなかったという。その後の慶応150周年の寄付は、同窓の三田会からお願いの文書がきただけで、締め切り前にきちんと集まったといわれる。

これを聞いて、本当に名門早稲田大学は駅伝とラグビーだけの復活に終わってしまうのだろうかと不安になったOBも多いことだろう。

全国の進学校といわれる高校の進路担当教員へのアンケート調査（朝日新聞『大学ランキング』2005年版・2011年版）で、2003年と2009年を比較してみよう。

「生徒に勧めたい」「入学して伸びた」「教育熱心」などで評価した点数で見ると、2003年には早稲田大学は全国で6位、「入学して伸びた」で全国トップであった。ところが2009年には、全体で20位に転落。逆に「進学して伸び悩んだ」大学で2003年に続きトップになってしまった。ただ「伸びた」大学でも3位である。「伸びた」と答えた回答実数は「伸び悩んだ」という回答の倍はあったのが、せめてもの気休めにはなる。

他の大学に比べ、プラスマイナスの評価がともに大きく分かれた結果になっている。「学力ゆとり世代」の学生が増え、自主的・積極的に勉強したり、社会活動をする若者が少なくなったといわれる。そのため、早稲田大学の校風である自由放任についての高校の先生の評価がシビアになった、と見てよいだろう。

2003年当時はダイヤモンド社の調査で、企業が評価する「役に立つ大学」で早稲田大学がトップクラスであった。しかし今や国際教養大学や金沢工業大学のような面倒見のよい大学の方が評価が高いのである。マスプロ教育で知られた早稲田大学が、今さら面倒見のよさをセールスポイントとして売り出すのはむずかしい。

以前より早稲田大学も就職指導には熱心になったが、学生のほうがそうした窓口の利用に積極的ではないようだ。また付属高校からの内部進学者の割合が高くなり、AO・推薦入学組も増え、昔のような二浪、三浪の入学生が、ひげ面でキャンパスを闊歩《かっぽ》するという風景は見られなくなった。バンカラファッションも消え、慶応大学の日吉や三田のキャンパスとあまり変わらない。

早稲田の国際教養学部と新医学部に期待?

早稲田復活の具体的な足場が、2004年にできた国際教養学部である。1学年600人のうち約200人が外国人留学生。住居など生活や語学支援などで経費はかかる。日本人など日本語が母国語の学生は1年間の海外学習が必須。英語が共通語であり、英語は学ぶ科目ではなく、コミュニケーションツールなのだ。語学に弱いと定評の早稲田OBには驚嘆だろう。

もっとも全学的に英会話講師1人に学生4人という90分講義「チュートリアルイングリッシュ」を毎年9500人の学生が受講しているから、「英会話に弱い」という早稲田イメージは消えつつある。

また1、2年生を対象に「オープン教育センター」を設け、3000以上の科目を提供し、論文作成対策のための国語力養成訓練講座や、ビジネス社会で困らないように文系学生対象の数学強化の基礎講座も設けている。

これらの講座に不可欠なチューターを養成するには手間とコストがかかるが、基礎教育を徹底する方針だ。脱・放任主義である。

ただ留学生の多い同学部と、一般学生間の交流はいまいちという声もある。活性化のための工夫が必要だろう。

早稲田大学長年の悲願である医学部新設も、民主党政権の医師大幅増員計画のマニュアルで機運が盛り上がっており、すでに私立大学4校、公立大学1校が名乗りを上げている。文部科学省としては、早稲田大学クラスの有名私大が新設してくれれば、というのが本音のようだ。

早稲田大学も東京女子医科大学との共同研究を進め、女子医科大学キャンパスの隣に早稲田大学が3分の2を所有する河田町キャンパスもできる。医学部新設には700億円から900億円かかるといわれる。医学生1人の6年間の養成コストは約1億円、私立大学医学部の支出の7割が人件費、という現状から見て、早稲田大学が医学部をつくるためのハードルは高い。

そこで東京女子医科大学との連携を進めているのであるが、片思いに終わらないように祈るばかりだ。2010年秋に就任した鎌田薫総長は「他の大学と同じような医学部をつくっても仕方がない」という。

どうせつくるなら、最先端ロボット医療やスポーツ医学、地方自治体と連携したユビキタスを活用した遠距離医療診断システムなど、特色ある新医学部を構想すべきであろう。

山種証券（現ＳＭＢＣフレンド証券）社長やあさひ銀行（現りそな銀行）副頭取などプロのＯＢ経営者によって実行されたリストラのおかげで、早稲田大学の借金は１００億円にまで減少した。しかし先述した１２５周年記念事業の寄付金２５０億円にしても、１年遅れでやっと達成した現実を見るかぎり、医学部新設の資金確保の道のりは遠い。

立命館大学など有名私立大学の中高系列化の背景

早稲田大学の系列化によって生まれた大阪の私立摂陵中学・高校は、前にも述べたように、大幅な入学定員割れであった。もともと系列化前の同校は地元でも一流進学校とはいいがたく、進学実績も中堅私立大学が中心であった。

摂陵中学・高校の定員割れには、いろいろな要因がある。早稲田ブランドに幻惑された受験業者の高い偏差値ランク予想で受験生が迷って敬遠した、また定員２４５人のうち早稲田大学への推薦枠が40人であり、6人に1人の確率では、3年後にまた選抜に勝ち抜く必要があったなど……。さらに保護者の間では、関西は首都圏に比べ、京都大学、大阪大学、神戸大学に加え、大阪市立大学など国公立大学志向が強く、早稲田ブランドもそれほど神通力がない、という評価もあった。

最近の早稲田大学の「系列校乱立」は、創立者である大隈重信侯のふるさとである佐賀の中高一貫校も含め、あまり評判がよくないようだ。早稲田を昔のように、全国から受験生が集まる学園にしたいという気持ちはよくわかるが、それが地方における中高一貫の付属校の新設というのでは、短絡的な発想である。

早稲田大学はまさに文字どおり全国区を目指したが、足もとをしっかり固める作戦で実績を残しているのが、立命館大学だ。

2007年以降だけでも、関西地区に実に六つの学校を系列化あるいは提携先としている。滋賀県の立命館守山中、京都の平安女学院中・高、奈良の育英西中・高、大阪府堺市の初芝立命館中・高、和歌山県橋本市の初芝橋本中・高などである。ムリせず自学が比較的知名度の高い関西エリアに絞ったのが特色だ。

もう一つの、大分市の岩田中・高は異色のようであるが、実は大分には立命館アジア太平洋大学がある。海外留学生の比率が高く、グローバリズムの流れを受けて、最近、とみに脚光を浴びている。地元の高校にとっても、魅力のある存在になったようだ。

また兵庫県の関西学院大学は人口の多い大阪に集中的に進出して系列化を進めており、大阪にねらいを絞った戦略がはっきりしている。大阪府河内長野市の清教学園中・高、大阪市の帝塚山学院中・高、大阪府箕面市の関西学院千里国際中・高、そして地元の兵庫県三田《さんだ》市の三田学園中・高である。

大阪で迎え撃つかたちの関西大学は、大阪市東淀川区の関西大北陽中・高と高槻市の関西大初等部・中・高と、手堅く足元を固めている。

このように大阪は関西学院大学と関西大学との激突の場になっている。こうした系列化による受験生の囲い込みは、今後とも続きそうだ。また中学・高校も少子化で子どもが減り、大学進学ルートが確保できる有名私大系列化は、魅力のある選択肢になっている。

慶応大学も地方の受験生囲い込みＡＯ入試

幼稚舎から高校まで、慶応の付属校は首都圏に限られている。横浜市にできる新しい小学校の受け皿となる中高一貫校もＳＦＣ（湘南藤沢キャンパス）にできる。銀座の名店街店主に慶応OBが目立つように、伝統的に都会的カラーであった。

その慶応で2010年より、センター試験利用入試から、今まで利用していた法学部と薬学部が全面撤退する。実は慶応大学は、センター試験を利用する私立大学としては最初から参加し、そのシンボル的存在であった。

センター試験利用入試は、問題作成、採点まで、大学入試センターがやってくれるので、手間がかからずに受験料が入る。国公立大学受験生の受け皿にもなり、私大経営にとっておいしい入試である。

それなのになぜ慶応大学は利用をやめるのか。

もともと慶応大学は、学科試験を課さないAO入試を全国に先駆けて、SFCの総合政策学部と環境情報学部で導入したぐらいである。他学部でも2教科や論文などの入試が多く、センター試験のマークシート方式になじめないようであった。

最初から参加していた医学部は英語のみの利用であったが、他の私立大学がどんどんセンター試験利用入試に参加するようになる2006年に撤退してしまい、当時、話題を呼んだ。

今回の全面撤退の理由について、同大学は次のように説明している。導入した当初はセンター試験利用入試による入学者の8割を関東・甲信越以外の地方出身者が占めたが、現在は5割を切っている。地方の学生を取りたいというねらいだったが、センター試験で合格した入学者の実態がねらいから離れた、ということであった。

そのかわりに全国を6ブロックに分け、各学科ごとに各ブロック10名の枠でAO入試を実施し、地方の入学者を増やすという。入試では新しいことに挑戦することが好きな慶応大学だけに、その成否が今から注目されている。

慶応・三田会人脈の効用と限界

慶応OBの評議員選挙の集票活動は堂々と行われ、最近は、より過熱して収まることがないようだ。2010年秋にも、選挙活動が派手に繰り広げられた。大林組の会長など大企業トップが、その候補者名簿にずらりと並んでいる。

評議員会は、通常の私学なら最高意思決定機関である理事会の上位にあり、このOB評議員はまさに慶応特有の存在である。約100人の評議員のうち、教職員14人余、評議員会から推挙された推薦評議員が25人余、卒業生評議員と推薦評議員が選ぶ塾員評議員が30人余、残りの30人余が卒業生評議員で、塾員と呼ばれるOBの選挙によって選ばれる。その立候補者は、理事会推薦と塾員100人以上の連署によるものとに分かれる。

理事会推薦には、ほとんどが大企業をバックにした高齢な経営者などの立候補者が多く、その集票力は組織票で固いため、若い塾員はなかなか当選できない。塾員100人以上の連署による立候補者は2010年も3人しかいない。前回補欠当選した若手は、2010年は落選した。

2010年の理事会推薦名簿にあった大企業トップを、挙げてみよう。

安藤宏基・日清食品HD代表取締役社長CEO、岩沙弘道・三井不動産代表取締役社長、江頭敏明・三井住友海上火災保険取締役会長、大林剛郎・大林組代表取締役会長、尾崎元規・花王代表取締役社長、勝俣宣夫・丸紅取締役会長、佐治信忠・サントリーHD取締役会長兼社長、鈴木茂晴・大和證券グループ本社代表執行役社長、永山治・中外製薬代表取締役社長、堀内光一郎・富士急行代表取締役社長、松下正幸・パナソニック代表取締役副会長などである。錚々《そうそう》たるメンバーであることがわかるだろう（肩書は当時）。

ほかの有名私大では珍しいこの選挙制度をもって、慶応は民主主義だと自慢するOBもいる。しかし評議員100人のうち選挙の対象は3割であり、それもほとんどが理事会推薦では、塾員ならだれでも被選挙権を持つというわけではない。実際に並みのOBが評議員になる道はかなり狭い、というかほとんどムリ。戦前の貴族院みたいなものだ。

　三田会という慶応同窓会における人脈ネットワークの頂点に位置するのが、この評議員会と連合三田会役員会であり、そのメンバーの少なからずが重複している。こうした大学トップ機関と同窓会の人脈は、企業経営者でなくてもその恩恵は測りきれないほど大きい。

　しかし、企業の社会的責任が問われる現在、取引先であれ、企業トップの出身校の評議員選に企業ぐるみで集票活動に走る節度のなさは、見方によっては企業の私物化といえる。

　ある大手銀行に在職している慶応OBは三田会のメリットを、「三田会の名簿を使って先輩や同期などにいろいろと働きかけると、アポがすぐにとれます。その意味では、企業内の三田会より地域三田会や年度三田会のほうが、他企業の役職なども多くコネ作りにはいいです」と話していた。

　三田会の最大の強みはなんといっても、慶応の塾員（卒業生）を大学（塾監局）がしっかり管理していることである。大学は就職支援指導について他の大学のようにこまめにやっていないが、実は三田会がその分を十分埋め合わせしているのである。だから慶応大生は就活に強い。後述するが、有力企業への就職率は私立大でトップだ（200ページ）。

　ただ企業では成果主義が強まっており、出世競争から脱落する慶応OBが、特に幼稚舎

(小学校)などからの内部進学者に目立つという。毎年7000人以上の卒業生が生まれているのであるから、三田会もそこまで面倒を見きれなくなっているともいわれる。

三田会には年度三田会、職域(企業・専門職など)三田会、地域三田会、サークルやゼミなどの諸会といった単位がある。今までは年度三田会が有力で、役員は幼稚舎出身が比較的目立つといわれた。卒業して10年とか30年とか節目に声がかかる。専門職などの職域三田会は、仕事の場を広げるために役に立つという声も少なくない。

福沢諭吉の教えである「社中協力」を現代社会に通用させるため、三田会はエリート主義からの脱皮が必要であろう。


明治大学、志願者数トップの原動力「全学部統一日程入試」


2010年、明治大学の志願者数が11万5700人と、11年連続でトップだった早稲田大学を185人抜いて最多となり、話題になった。明治大学はそれを記念して、2010年だけの期間限定奨学金を設けた。2011年も明治大学はトップの座をキープした。

都心の駿河台にそそりたつ超高層の校舎リバティタワー、2008年にできた国際日本学部、就活のきびしさを背景に再評価される明治大学の就職の面倒見のよさと国家試験実績の向上などが、人気上昇の要因になっていることもまちがいない。

しかし、要因はもう一つ、明治大学の全学部統一日程入試が、志願者集めの有力な原動力となっているのだ。

志願者数は、受験者実数ではない。同じ大学で複数の学部を受験する学内併願率が高ければ、志願者は増加する。1人で4回受験すれば、当然4人とカウントされる。そのため受験チャンスが多ければ多いほど、それに見合って併願できるので、志願者数が増加する。

その受験チャンスを増やす試験制度が、この全学部統一日程入試である。

複数の学部が、同じ試験日に共通の試験問題によって、入試を実施する。まず関西の私立大学で先行し、その後東京の私立大学でも次々と導入したが、早慶は導入していない。それぞれの大学によって、独自の目的と仕組みがある。特に全学部統一日程内で複数の学部に併願できるかどうかが大きなポイントだ。明治大学は併願できるタイプだ。

2月上旬に本学（駿河台・和泉・神奈川生田）・札幌・仙台・名古屋・大阪・広島・福岡の9会場で、試験は実施される。全学部が同一試験日に入試を行い、入試問題は共通の統一問題で、マークシート方式である。学部で入試科目は違うので、複数併願する場合は、これらの学部にあわせて科目を選択し受験する必要がある。

この同一日程で、しかも同一の試験問題で複数の学部学科を学内併願できることは、志願者を増やす大きな要因となる。複数併願でき、試験が1日ですむのは受験生に大きなメリットだ。しかも併願分の受験料は安くなる。この全学部統一日程入試とは別に、従来の学部ごとの試験ももちろん実施する。

2007年度からの導入であるが、広く知られるにつれ、志願者増に力を発揮したというわけである。2010年度には、この全学部統一日程入試だけで、1万8170人の志願者がカウントされている。

ただこの全学部統一日程入試を導入した本来のねらいは、やはり地方の受験生を増やしたいという気持ちからという。

昔は明治大学には全国から受験生が集まり、新入生もバラエティーに富んでいた。しかし、2005年ころの入試では、東京、神奈川、埼玉、千葉の首都圏出身者の割合が、志願者で65%、合格者で63%にも達する状況であった。もちろん首都圏の学生が多くなることも決して悪いことではないが、地方会場もあり、1日で複数の希望する学部を受けられる入試によって、もう少し地方の学生を増やすことが大学自体の活性化にもつながる、というわけだ。結果として、大幅な志願者増につながった。

それだけではない。試験問題作成や試験会場運営のコストも抑えられる。併願受験料はその分合算されるので、大学の収入増となる。その場合、先記のように併願分の受験料は安くなるが、それも受験生にとっては、大きなメリットになる。

さらに明治大学は、一般入試とは別方式のセンター試験利用入試の出願者が多いことも志願者増の要因となっている。

また、合格可能性は低いけれど、いちおう早稲田を受験しておくかという記念受験組の受験生が、長引く不況で受験料を惜しみ早稲田を敬遠した、という説もある。

いずれにしても早・慶・明治ともに、地方出身の入学生が少なくなったことに危機感を持っているのだ。もっと全国から志願者を集めたい、という共通の思いがあるようだ。

ジョイント・ディグリー（JD）が面白い関西学院大学

日本の大学では、原則的に卒業と同時に学位を一つ与えられる。ところが海外の大学では、複数の学部で連携的に学び、学位を二つ取得する「ダブル・ディグリー＝double degree」（二重学籍）が一般的になっている。

グローバリズムの進展で、日本でもいろいろな視点から物事をとらえることのできる人材が必要とされている。M&A対策でも、会計や経営学の知識があり企業法務に精通していれば役に立つであろう。

関西学院大学のジョイント（連結）・ディグリー（Joint Degree＝JD）はそうした人材の養成をねらっている。ある分野（学部）で学位を授与された後に別の分野で教育を受け、学位を授与される。そのため二重学籍とはならない。この一定期間において複数の学位を取得できる連結型の履修形態は、文部科学省も認めている。

文部科学省は、同時期に学生が二つの学位を取得する二重学籍には学業の質的な保証を心配し、これまでダブル・ディグリーを認めてこなかった。しかしジョイント・ディグリーならば、連結であり、二重とはいえないというわけだ。

関西学院大学では、このJDを取得する学生には新たな追加費用はなく、学費は他の学生と変わらない、計画的に学習すれば4年間で2学部の学位を取得できる。もちろん追加単位は発生する。これは当然なことで、逆にいえば、追加単位がなく今までと同じ学習量なら、単に二つの学部分野から適当に必要単位数分をセレクトしたということになり、逆に専攻分野について、その学習の中身が薄くなったことを意味するともいえるからである。

JD1期生の4人が2008年3月に3年で早期卒業し、4月から別の学部の4年生に編入学した。なかには3年の早期卒業前から始めていた就職活動で、希望企業に内定が決まった1期生もいる。2009年にはJD1期生が卒業した。

それまでも関西学院大学では、MDS（複数分野専攻制）。主専攻として一つの学部に所属しながら、別の学部の科目などを副専攻として学べる制度）を積極的に展開し、多くの学生が取り組んだ。しかし、その成果が就活などで、外部に伝わらない傾向があった。JDなら履歴書にも複数学位が記入されるので、その問題は解決できる。

さらに広い視点からいうと、日本の企業の終身雇用制が崩れ、長期的に人材育成をする企業内訓練ができなくなっていることも、背景にある。労働市場も流動化し、転職したり職種を変えていく人がこれからは非常に増えていくであろう。、その意味では職業人になっても、絶えず自己啓発をしなくてはならない。その場合、JDによって複眼的な視野を持ち、二つの基礎的な専門知識を持つ人材は、強みを発揮できるだろう。

関西学院大学は、もともと学部間の垣根が低く、70年代の学園紛争を契機に学部の垣根をなくし、学際的なカリキュラムを組むなどの努力を続けてきた。

3年生での早期卒業が認められるには、平均で80点以上を取らなければならない。段階評価で平均A（優）ランク以上ときびしい。これは文部科学省が、3年早期卒業には「優秀な学生」という条件をつけているためである。複眼的思考と複数分野の基礎的・専門的知識を持った学生を育てることは、大学教育の質的保証という面からも注目できる試みといえよう。

このJDが、他大学にどこまで普及するか、関心は高まっている。

破綻寸前の状態から立ち直った沖縄大学

2006年に創立50年を迎えた沖縄大学は、大幅な定員割れも少なくない地方小規模私立大学の中で、2010年に大きく志願者数を伸ばし、2011年も横ばいであった。

沖縄大学は沖縄では最初の私立大学である。学生数2000人余、教員数70名の小規模大学である。その研究内容は地元密着を明確に打ち出し、ユニークな大学づくりを目指している。

法経学部（法経学科）と人文学部（国際コミュニケーション学科、福祉文化学科、こども文化学科）があり、その上に現代沖縄研究科（地域経営専攻、沖縄・東アジア地域研究専攻）というユニークな研究科の大学院がある。

地域に密着させ学生主体のプロジェクトで文部科学省に申請した。その結果、2007

年には、地方の小規模私立大学としてはトップクラスの4件が採択されている。

今後の抱負を当時副学長であった山門健一・現法経学部教授に聞いた。

「学生主体という点では、たとえば設立記念日の行事は、どこの大学でも教職員主体で行われることが多いのですが、本学では『沖縄大学は私がかえる』という学生プロジェクトのプレゼンをします。最近はその内容も地域に入っていくテーマが多く、地域に根ざすという本学の理念が浸透しています。また授業公開も年に2回、1週間にわたって実施し、父母も参観できます。授業評価アンケートも学内で公表しているので、教員もうかうかしていられません。

文部科学省に申請した学生支援GP（Good Practice＝優れた取り組み）の『学びあい・支えあいの地域教育の拠点の創生』は期間4年間と一番長く、基本的には、他の三つのプログラムもこれに収斂《しゅうれん》していくものと考えています。

他のプログラムは期間は3年間ですが、それぞれ地域と深い関係があります。

特色GP『ノートテイクから広がる大学づくり』は、聴覚障がいの学生が聴講する際のサポートが内容です。1960年代、米軍が持ち込んだ風疹によって聴覚障がいの子どもが生まれたことがあります。那覇市からの要請で、その子どもたちのうち数名を受け入れました。当時は、講義も彼らが読唇できるように、常に学生席に向いて話すなど教員も戸惑いました。そのような伝統があるせいか、最近聴覚障がいの学生が入学してくると、自然にまわりの学生たちがノート作りを手伝い、パソコンや手話を使ってサポートするようになりました。こうした試みを他の学校に広げるねらいもあって申請したわけです。

現代GP『美《ちゅ》ら沖縄・環境まちづくりリーダー育成事業』は、本学に公害問題で著名な宇井純先生がいた頃から、エコキャンパスプランを実行してきた実績を、さらに地域へと拡充していく動きです。先生の発案で一部校舎の屋上には雨水を貯め、トイレの処理水に利用しています。

社会人の学び直しニーズ対応教育推進プログラムの『菓子等食品ビジネスプランナー養成プログラム』も、沖縄伝統の食品文化を全国発信できないか、という問題提起です。

沖縄大学では、20年前に、受験生の個性や学ぶ意欲を、面接・課題図書・小論文などで判定し、入学者を決定するという方式を導入し、さらに内容を充実させるため、一定の資格で出願できるAO入試を行っています。受験生がそれまでに獲得した成果を含め、学力試験では測りにくい能力・適性・意欲を面談を通じて総合的に評価します。

入試を競争力から解放し、ともに創造性を身につける共創力すなわち人間力が育つ可能性の高い学生を選びたい、というねらいからです。沖縄の自決強制に関する教科書問題や大江健三郎の『沖縄ノート』なども題材に取り上げ、新聞の切り抜き記事をフルに活用し、受験生の問題意識を啓発しています」と話す。

日本私立学校振興・共済事業団による私立大学の経営状況を示すランク（全7ランク）では、最高ランクのＡ１（私立大学の約30％）で、優良という評価を得ている。30年前なら「破綻に瀕した大学」であったろう、と山門・前副学長は認める。学生パワーを信じて、地域に密着し積極的に活動を展開することで、さらに新たな展望を切り開くことを期待したい。

コラム３

募集停止の大学、その後

２０１０年春に、５大学が学生募集を停止した。東京リーガルマインド大学（東京都）、愛知新城大谷大学（愛知県）、三重中京大学（三重県）、神戸ファッション造形大学（兵庫県）、聖トマス大学（兵庫県）である。

最近の15年間で私立大学は１８０校も増え、２００８年には５９０校に迫った。

その間、合併・統合以外で学生募集を停止したのは、2004年の立志舘大学（広島県）と2007年の東和大学（福岡県）くらいであったから、2010年春に、5大学が一挙に募集停止したことは注目された。同時期に5校も停止したことは、かつてないことである。その意味で2010年は後年になって、私立大学の増加傾向がピークアウトした年といわれるかもしれない。

もちろん募集停止であるから、在学生はまだ残っている。いずれの大学も在学生は少なくともあと2年間は残る。学生は留年もできない。大学は責任を持って最後の1人まで卒業させる社会的責任がある。

三重中京大学では短大部生は卒業したが、中京大学に編入学してキャンパスを去った者も少なくない。それでもまだ多数が在学しており、3〜4年生は就活などで苦しいだけに公的支援も必要となるであろう。

同大学は、松阪大学が三重中京大学に改名したものだ。中京大学三重キャンパスなのかと誤解されたが、関係はあるが別の大学であった。三重県は名古屋や京都にも近く、私立大学に入学するなら、別に地元でなく、近くの大都市のほうに進学することが多かった。松阪大学の頃から、そうした宿命にあったのだ。

その点で比較的ロケーションはよかったものの、逆にライバルが多すぎて、志願者を集められなかったのは、神戸ファッション造形大学や聖トマス大学だ。

神戸ファッション造形大学は、今でもフロアショーなどのイベントを積極的に展開している。聖トマス大学は、異例の復活を成し遂げた。2010年にいったん学生募集を停止したものの、2012年に国際教養学部と健康科学部を新設する予定だという。東京の上智大学や愛知の南山大学と同じカトリック系のミッションで、姉妹校でもあった。国際大学のネットワークにも加盟し、再出発を図ろうというわけである。

これからは、この聖トマス大学に限らず、特に私立大学経営は本当に受験生のニーズをしっかりつかんだ制度設計を立てないと、非常にきびしいものとなるであろう。また十分な市場調査と資金的準備も欠かせない。

日本で初めて民事再生法を申請した東北文化学園大学(宮城県)は、必死の経営再建に取り組み、徹底したリストラを実行している。全教職員が自己犠牲を払いながら協力している。2011年3月の東北関東大震災もあり、理事長など経営陣はマスコミでいろいろ話題になるが、教職員の奮闘に期待したいところだ。

経営情報の開示が進み、さらに2011年4月からの情報公開で、私立大学の定員割れ状況や経営状態のきびしさが公になり、苦境に追い込まれる私立大学が増加すると予想される。

2011年春にも、福岡医療福祉大学が募集停止となった。旧・第一福祉大学である。2010年度で定員1800人に対して在籍人数918人と、大幅な定員割れであった。この福岡医療福祉大学は、都築学園グループに属している。同学園グループには、他に第一薬科大学（福岡県）、日本経済大学（福岡県）、第一工業大学（鹿児島県）、近畿医療福祉大学（兵庫県）、日本薬科大学（埼玉県）、横浜薬科大学（神奈川県）などがある。

50%を超える大幅な定員割れを続けていると、国からの私学助成の基準に触れて、経常費補助金をもらえなくなってしまう可能性もある。すると財政はさらに悪化することになる。企業のように、ある日突然つぶれるということはないが、4年後を視野に募集停止という事態になりかねない。企業経営者に比べ、私学経営者の社会的責任は一段と重い。

第４章　６年制で分かれた医・歯・薬学部の明暗

政府は、数年前まで抑制してきた医学部の入学定員の増加を急に推し進め、逆に歯学部は半ば強制的に定員減を進めている。

薬剤師過剰の予測のもと薬学部も早晩、入学定員の抑制へと転換するであろう。6年制のこの3学部で資格を目指すには、医師、歯科医、薬剤師の国家試験に合格しなければならない。その有資格者の社会的な需要に過剰感が出れば、合格ラインを上げて合格者数を絞り込めばよい、という発想もかいま見える。

医師が足りなくなると医学部の入学定員を増やし、歯科医が多すぎるという業界の声に押されては歯学部の入学定員を減らす。まるで定見がない。そこには学生への配慮がまったく欠けている。

国は医療人養成に関して、長期的な展望を持つべきだ。

大学が勝手に学部を新増設したのだから自己責任であるというのでは、入学した学生がたまらない。国家試験合格が目標である医・歯・薬系の学生の立場は尊重されなければならない。

医学部

海外ブランド大学医学部の、成田への進出は非現実的か？

民主党政権のマニフェストでは、医師数の増加をうたい、現状より1・5倍に増やすという。大学医学部の新設も視野に入ってきている。

2010年には、国際医療福祉大学（栃木県大田原市）、北海道医療大学（北海道当別町）、聖隷クリストファー大学（静岡県浜松市）の3私立大学のほか、先出の公立はこだて未来大学が、医学部新設の名乗りを上げている。

さらに2011年1月に、仙台厚生病院が、2013年度にも東北福祉大学（宮城県仙台市）に医学部を設置する構想を発表した。同病院が付属病院となって実習を担うという。大学側も前向きに検討する意向を表明した。

もし医学部が新設されれば、1979年の琉球大学以来、32年ぶりになる。ちなみに人口1000人当たりの医師数は、経済協力開発機構（OECD）の2007年度の世界統計では、日本は2・1人で27位である。1位はギリシャの5・0人である。

ところが、この新設には日本医師会や全国医学部長病院長会議などから反対の声が上がっている。反対の理由は、医師数の不足分は入学定員増で十分まかなえる、新設されると医学部教員確保のために既存の病院や医学部から中堅クラスの医師が引き抜かれる、一度新設すると医師が過剰状態になっても定員減などで調整が利かなくなる、新設では医学部生の質の低下を招く、などである。

半面、医学部新設を支持する意見の中にも、国立大学に限定すべき、あるいは私立大学に任せればよいとさまざまな主張がある。

矢崎義雄・国立病院機構理事長は、医師数の充足という点では、2010年までの医学部定員増ですでに十分としている。新医学部をつくるとなると巨額な税金を投入するうえに、近い将来、医師過剰の状態になっても定員の削減はむずかしいなど、全国医学部長病院長会議とほぼ同じような見解を示している。

ただし、従来の枠組みをなかなか変えられない現状においては、卒業前の教育の抜本的な改革を進めるうえで、新医学教育を追求するモデル事業としてならば、新しい構想の医学部創設の意味があるのではないか、という。

同じような視点から上昌弘・東京大学特任教授は、医学部を新設したほうが新しい医師養成システムがつくれるという意見を持っている。特に千葉県成田市など財政に余裕のある地方自治体が新医学部の創設に本格的に取り組み、アメリカのブランド大学を誘致すれば面白いという。別に新医学部建設をうたっているわけではないが、「千葉県の医療を考える会」には同教授や前・成田市長も参加している。

現実に小泉一成・現市長は医学部を誘致する構想を公約として表明し、市議会で論議されている。国際空港を抱えているという背景があり、空港に隣接して新設医学部の付属病院があれば、観光と医療をかねて来日するというプランも考えられ、アジアの富裕層にとっても魅力があるだろう。また国際空港のそばに現代的な医療が受けられる病院があれば、空港の利用客も安心である。もちろん地域医療の拠点にもなる。

もし成田市がチャレンジすれば、自治体主導の新しいかたちの医学部の可能性が生まれる。公立はこだて未来大学の新医学部構想も、そうした意味では大いに注目できる。

国立大学医学部定員増の、こわい反動

2008年度から2010年度の3年間、全国的に医学部の定員は、増え続けている。医師不足の深刻化を食い止めるため、先述のように国は医学部での医師養成の増員を推し進め始めたのだ。

2008年度入試では約170人、2009年度入試では約700人、2010年度入試では約370人分が増えた。3年間で約1240人も定員が増加したのである。

1985年ごろには医師が多すぎるとして入学定員を抑制し続け、2007年ごろには7625人にまで減り、ピーク時よりも655人減となっていた。ところが2008年から一転、どんどん増やせと増員策に走ったのである。2010年は8846人に増員された。まったく長期展望に欠けた場当たり政策である。

といっても医学部を抱えた大学が、これからは定員が増え、将来にわたって安心かといえば、そうとはいい切れない。

医学生が国家試験に合格するまでの6年間にかかる総費用は、約1億円といわれることはすでに記した。ある私立大学医学部長は、高額な寄付金はある程度やむをえないと発言している。

医学の高度化と多様化で、今後は養成コストがもっと増えるのは必至である。大学にとって医学部が、将来において大きな金食い虫になる恐れは十分あるのだ。といって医師養成コストを学費にどんどん反映させるわけにはいかない。

行政、医学生本人、大学、医療機関などが、患者負担増も含めて、どのように医師養成コストを分担していくのか、という問題も考えなくてはいけないだろう。

医学部地域枠に定員割れが起きた

特に地方の医師不足解消を目的にして、ここ数年、地元受験生などに一定の地域枠を設ける医学部が急増していた。文部科学省によると、地域の医師確保策に地域枠を設ける大学は、２００７年度は79大学のうち21大学（定員計１７３人）だったが、２０１０年度には入学後に希望者を募る方式も含み、65大学（同１０７６人）に急増しており、医学部の全入学定員８８４６人の１割以上を占めるようになった。

入試の地域枠には2タイプがあり、地元の受験生だけが志願できる「入り口地域枠」と、全国から志願できるが卒業後に地元に残ることが求められる「出口地域枠」とがある。出口地域枠の場合、奨学金と引き換えに一定期間の地域勤務を義務づける場合が多い。ＡＯや推薦入学の地域枠には、地元高校出身者を対象に選抜する方式が目立つ。

ところが２０１０年度入試では、16大学の医学部の地域枠が入学定員割れだった。入学者が募集人員より少ないという事態が発生したのだ。国公立大学の法人化を契機に地域連携を目指した昨今の医学部地域枠ブームに水をかける結果になった。

地方にあって地域医療に従事することになる地元枠入試に人気が集まらないということは、何を意味しているのだろうか。

入試の方法や難易ランクの問題もあるが、国公立大学医学部をねらう受験生は、全国区型といわれる。センター試験自己採点や模試の合格可能性から、合格できる可能性のある医学部を、あまり地域に関係なく選ぶ。どの地方かどうかはあまりこだわらない。

そのような彼らに地域枠を志望させるのはむずかしい。大都市にある旧帝大系の医学部なら別であるが、地方国公立大の場合は、地域枠のあり方を再検討する時期にきている。

長崎大学では5人の地域枠に3人しか志願がなく、合格者はゼロであった。岡山大学は前期日程の中で設定している地域枠で複数の欠員を出した。ほかにも定員どおりの合格者を出したが入学を辞退され、結果として入学者ゼロという大学が生まれた。ただし、今回の定員割れについては、不足分は一般枠の合格者を増やすことができるので、医学部全体として定員割れすることはない。

そのため、合格すると入学が拘束される地域枠のAO入試や推薦入試で、欠員を多く出した事例が特に目立つ。

旭川医科大学の2010年入試の場合は、地域枠AO入試（募集人員40）で合格者が募集の半数にも満たない17人。推薦入試（募集人員10）も合格者は5人と半数だった。その欠員分は、前期日程の合格者を増やして穴埋めした感じである。

約110人の入学定員の半分近くを地域枠に充てている同大学の吉田晃敏学長は、地域枠は、地元の学生を大切にしているメッセージとして意義があり、2011年度から合格基準を引き下げても地域枠の確保に努める考えを示した。

将来、このような個々の大学医学部の事情を超えて、「限界集落」といわれる医療現場を嫌い、受験生の高学力層が医学部受験を見直す動きも出てくる可能性がある。もっとも、受験秀才がよい医師になれるとは限らない。特に地域枠を設けた地方の医学部の中には、合格基準では学力よりも医師の資質を重視する推薦やAOに多くの定員を割くところも出てくるだろう。その意味で偏差値最上位だった医学部にも、学力はまあまあであるが、やる気いっぱいの学生が増えることは悪いことではない。

国公立大学医学部は入試選抜の厳正さが特に要求される。それだけ多くの税金が投入されているからである。地域枠も含めて、地域社会の医療のニーズに応える医師の養成に重点を置くことが、地方の国公立大学医学部の主たる使命の一つになるであろう。

医学部増員計画も全体的な医療総合ビジョンの中で、医師国家試験の再検討も含めて、長期的に検討されるべきであろう。

入りやすい私立大学医学部ほど学費が高い

公平な入学者選抜は、大学教育の基本であり、最も守るべきコンプライアンス（法令順守）である。最近は法令順守が重視され、私立大学医学部特有の「裏ルート」は消えたと関係者は強調している。しかし、次のような私立大学医学部は、まだ不正を疑わせるだけの根拠がある。

たとえば入学定員より正規合格者が少ない（補欠入学が多い）、逆に高倍率なのに学力一次試験はほとんどがパス（面接などで選別）、特に裕福な子弟が多い特定の私立高校の合格者が異常に多い（コネが効いている）、などが見られるケースである。また同窓会や校友会などから巨額な寄付金が集まる私立大学医学部も、要マークといえよう。

「金銭体質」の私立大学医学部は、将来淘汰される時代がくるだろう。医学教育の質をキープしつつ学費を下げるだけの体力のある私立大学医学部が生き残ると見られる。あまり学費を高く設定しないでもすむ医学部は、入学が狭き門になり、それだけ優秀な志願者を集められる。たとえば6年間の学費を880万円も減額して優秀な学生を集めようとした順天堂大学医学部は難易ランクを上げ、日本医科大学を上回るランクにアップしたのである。

近年、個人医院も乱立気味だし、病院経営も苦しく勤務医の労働条件の改善もままならない。そんな状況で、私立大学医学部受験生や開業医が多いその保護者の間でコスト意識が高まっている。6年間も医学部で学んで、その結果、医師国家試験に受からなかったでは、その大学の教育力が問われる。

結局、いつまでも「金銭体質」の私立大学医学部は、あまり質の高くない受験生しか集まらず、医師国家試験にも合格できない者が増加する。その結果、医学部教育が劣化し、併設の総合病院の評判も落とす、という悪循環に陥ることになりかねない。

医師国家試験の合格率を国公立大学と比べても、私立大学は低い。2010年の第104回の結果を見ると、合格率の平均は国立大学が90・9％、公立大学が93・6％に対し、私立大学は87・1％であった。

国家試験合格率が70％台だった大学は、岩手医科大学77・4％、帝京大学75・2％、金沢医科大学と福岡大学77・9％である。ただし大学によっては合格率を上げるために受験者を絞り込むこともあるので、合格率の高低だけでは単純に判断できない。

［表５］私立大学医学部偏差値と６年間の学費総計（2011年調査）

偏差値	大学名	学費総計（万円）
72	慶応大学	2150
68	東京慈恵会医科大学	2250
68	順天堂大学	2090
67	大阪医科大学	3140
67	昭和大学	2650
67	関西医科大学	2970
66	日本医科大学	2820
66	杏林大学	3755
65	自治医科大学	2260
65	近畿大学	3580
65	東京医科大学	※2977
65	東邦大学	3180
65	日本大学	3310
65	福岡大学	3770
64	久留米大学	3237
64	岩手医科大学	3400
64	北里大学	3890
64	愛知医科大学	3800
63	東海大学	3932
63	東京女子医科大学	3284
63	兵庫医科大学	※3940
63	金沢医科大学	3950
63	聖マリアンナ医科大学	3440
62	藤田保健衛生大学	3800
62	帝京大学	4920
61	独協医科大学	3660
61	川崎医科大学	4550
61	埼玉医科大学	3800

注・①偏差値は代々木ゼミナール2011年度ランキングより。
②学費総計の※印は、諸会費を含む。
③スライド制を採用している大学も多く、その場合は２年次以降、学費が増加する可能性がある。
④産業医科大学は偏差値で比べにくいので省略した。６年間の学費総額は3094万円（推計）。

学費が高くて入試偏差値も上がらず、国家試験合格率も数年にわたって低迷を続けるようだとやはりきびしい。近年は、国公立大学も含めて、医学部は定員増加の傾向にあり、国からの運営費交付金や私学助成金でも優遇されているので、現在はすぐに経営危機が表面化することは少ない。

私立大学医学部の学生納付金は、順天堂大学のほかにも、昭和大学や日本医科大学などが初年度納付金を値下げしている。国立大学医学部定員増を意識し、優秀な学生を集めようというねらいがある。［表5］を見ると、偏差値の高い大学ほど学費が安い傾向がわかる。6年間の総学費は、平均3369万円。国立大学医学部が6年間で約350万円に比べると10倍近い開きがある。国立大学では、医学部の学生をほとんど税金で育てているようなものである。

少子化と総医療費抑制の動きで、病院倒産も目立ち始めている。大学医学部の付属病院に財政危機が訪れる可能性も大きくなる。そのとき、生き残れるかどうかは、その大学医学部教育の評価に左右される。利用者の目はシビアになっていくだろう。

歯学部

歯学部はなぜ志願者が大幅に減ったのか

２０１０年度も前年に引き続き、私立大学歯学部の６割以上の学部で定員割れという事態が起きている。入試結果を［表6］にまとめた。

私立大学歯学部は、ほとんどの大学で、２００８年度からの2年間で大幅に志願者を減らし、８８３２人から４９１４人と44％も減少した。入学者も１８５０人から１４８９人に減った。そのため、定員充足率は96％から79％に下落している。募集人員を減らしている大学があるにもかかわらず、このように志願者が減少し定員割れが続く原因はどこにあるのだろうか。

これほど大幅に急落している現象は、他の学部系統ではあまり見られない。特に私立大学歯学部全体が人気離散していることがわかる。

一方、国公立大学の志願倍率を見ると、全体的には小幅に下げているものの、少数ながら増加例もあり、私立大学のように軒並み下がる現象は見られない。

定員割れを避けるには、合格者をなるべく多くしてほぼ全員を入学させてしまえばよい。

［表6］私立大学歯学部入試結果（2008年度、2010年度）

大学名	募集人数		志願者数		入学者数		定員充足率(%)	
年度	08年	10年	08年	10年	08年	10年	08年	10年
北海道医療大学歯学部	96	96	686	270	96	48	100	50
岩手医科大学歯学部	80	70	265	121	80	42	100	60
奥羽大学歯学部	96	96	357	83	96	32	100	33
明海大学歯学部	120	120	524	178	120	95	100	79
東京歯科大学	128	128	558	513	128	128	100	100
昭和大学歯学部	96	93	755	484	96	103	100	111
日本大学歯学部	128	128	553	568	127	128	99	100
日本大学松戸歯学部	128	128	556	248	128	97	100	76
日本歯科大学生命歯学部	128	128	902	636	128	128	100	100
日本歯科大学新潟生命歯学部	96	96	339	205	83	58	86	60
神奈川歯科大学	120	120	736	175	120	76	100	63
鶴見大学歯学部	128	128	683	186	128	76	100	59
松本歯科大学	113	80	128	101	40	35	35	44
朝日大学歯学部	128	128	533	207	128	106	100	83
愛知学院大学歯学部	128	128	603	452	128	128	100	100
大阪歯科大学	128	128	317	321	128	128	100	100
福岡歯科大学	96	96	337	166	96	81	100	84
計	1937	1891	8832	4914	1850	1489	96	79

※日本私立歯科大学協会公表のデータより作成。定員充足率は入学者数／募集者数

実際、歯学部ではないが志願すれば、よほどのことがない限り合格させる私立大学もないではない。その入試説明会に2回参加して名前を記入すれば合格させる大学もあるといわれる。

ところが歯学部には、それがしにくい事情がある。6年間の学修後に歯科医師国家試験に合格させねばならないからである。受験生にとっては、国家試験に合格して歯科医の資格を得てこそ歯学部に進学した意味がある。

歯科医師開業医を目指す受験生が多いといわれる私立大学の場合は、

医学部に近い巨額の学費を納入させることも少なくない。もしほぼ全員入学させたら、彼らを6年後の国家試験に合格させる教育的責任は免れないだろう。

ただ保護者は、自分の子どもの国家試験不合格の恥を世間にさらしたくないから、表に出さないだけである。「本人の自覚と努力次第で、結果は自己責任である」という正論も、かなりの高学費では通用しないし、それでは結局、志願者も集まらなくなるだろう。

歯科医師国家試験の大学別合格率を見ると、私立大学歯学部は数年前と比べ、明らかに悪くなっている。試験の出題レベルが難化している影響もあるが、卒業生の質的劣化を指摘する声も多い。そのため、私立大学歯学部は、やたらと入学者数を増やせないのだ。

歯科医過剰は政府の場当たり政策のせい

歯科医の数が社会需要をはるかに上回るといわれる状態をつくり出したのは、実は歯学部の責任ではなく、政府に責任があったのである。

子どもの虫歯が世間から注目され、ちょうど歯科医師が不足していた1970年代に、当時の厚生省（現厚生労働省）と文部省（現文部科学省）は、社会的需要を見すえて、どんどん歯科医を増やす方針をとった。歯学部120人の定員に300人を入学させる大幅定員超過状態でも、文部科学省は黙認したといわれた。今ならとても許されない。

国立大学にも歯学部がどんどん生まれ、1975年には、現在の29学部に達した。そのため、当時の約10年間で歯学部の定員は3倍の3400人ほどに急増したのである。

その結果、毎年、歯科医師は増加し続け、現在では10万人近くになっている。1970年代末期に比べ倍増し、過剰状態といわれるようになった。国は社会的需要を読みまちがえたのだ。保護者の意識も向上して、子どもが虫歯にかかる率も大幅に減ったうえに、少子化が加速し、患者は減った。歯科医師会も歯科医過剰論を強く打ち出し始める。

1980年代半ばには、歯科医が過剰になることを危惧した政府は、一転して歯科医師の新規参入20%削減方針を打ち出し、それ以来、歯学部入学定員はどんどん減らされることになった。

歯学部は2011年、全国で27大学29学部あるが、そのうち私立大学が17学部で、入学定員の75%を占めている。私学は定員割れになると学生納付金が減少し、すぐに財政に響く。それだけに苦しい。定員割れの歯学部は経営的に限界に近づきつつある。

歯科医そのものは、臨床研修を終わって歯科医として就職する場合、まだ7倍の求人件数がある。求人の初任給平均は25万円だが、40万円というケースもある。就職氷河期の再来といわれる現在、歯学部卒業生は今のところ恵まれた状況にあるといえるだろう。

意欲的な歯科医は、新たに取り組む分野を積極的に拡充している。よく知られているのが、インプラント歯科治療であろう。歯を失った場合に義歯が簡単には外れないように、骨に直接人工歯根を植えて支える治療である。原則、保険がきかないので、治療費は高額になる。

ひとくちに過剰といっても、全国の人口10万人対比の歯科医数を調べると、地域によって違う。全国平均で比べると、比較的多い都市は、福岡市、新潟市、横須賀市、長崎市、郡山市などである。実は地元に大学歯学部のある都市である。

半面、県単位で見ると、歯学部のない北陸3県は、富山、石川、福井ともに全国最低クラスである。これらの地域では無歯科医地域も少なくなく、バスで隣の市町村の歯医者さんまで診療を受けに行くという高齢者もいる。

新人歯科医師も医療人として、このような歯科過疎地域に飛び込んでいくべきだ。

また、小学校の歯科検診時における育児放棄の発見や、要介護状態の高齢者の出張ケアなど、社会福祉における役割も広く考えていく必要がある。

さらに地域においては単なる「虫歯医療」に限定せず、国民の健康生活に歯科の予防ケアや治療がどのような役割を持つか考えるべきだ。

阪神・淡路大震災で被害を受けた高齢者が直後に病死した主な原因に、体の抵抗力が落ちている時に口内の細菌や食物が肺に入り、細菌感染して発症する誤嚥《ごえん》性肺炎が多かった、と報告されている。これらの多くは、口内ケアによって防止できたのだ。今回の東北関東大震災に際しても、活動すべき場は数限りなくある。心から期待したい。

生活保護を受けた歯科医出現という噂

歯科医が過剰で、開業しても将来の展望が見込めない、という予想が広く認識されてきた。今の受験生はネットで進路や職業、業界の情報をつかんでいる。生活保護水準より収入が低いワーキングプアに近い歯科医も出ているという噂が、ネットで流れたことがあるという。しかし現実には、貧窮に陥っている現役開業歯科医が市役所に生活保護を申請した、という報告は聞いたことがないと歯科大学関係者は話している。このワーキングプア説は、月収13万円程度の研修医の話が誤解を呼んだのではないか、という推測をしていた。

日本歯科医師会でも、実際に生活の不安を訴える歯科医が、どんどん現れているわけではないという。ある意味、歯学部の定員抑制をねらった世論工作の一面もあるようだ。

ただ傾向としては、歯科医も以前のような高所得を約束された職業から脱落し、平均収入も下がっている。年収140万円程度の研修医が増え、週に1~2日しか診療しない高齢歯科医も増加しており、これからも平均収入は下がるだろう。

また「コンビニより多い町の歯医者さん」という冷やかし文句も、大きな町なかを歩くと妙に納得させられる。歯科医の看板が目に付くからだ。タウン誌にも歯科医の広告があふれている。そのほとんどが、美容歯科とインプラントであるが……。

ただ固定客をつかんでいる古くからの歯科医の二代目・三代目ならまだしも、新規加入で開業するには、コストパフォーマンスが低すぎることは確かである。当然、ふつうの受験生にとっては、歯学部進学は選択肢から消えることになる。

特に高額な学費はこの不況で大きなネックになっている。今までのように、保護者が開業歯科医でも、昔のような高収入は確保できない。歯学部はそれに対応した十分な学費値下げをしていない。2年前から見ると、昭和大学や日本大学など学費を値下げする大学もあるが、経営的に体力のある大学だけである。

明海大学歯学部（埼玉県坂戸市）と朝日大学（岐阜県瑞穂市）の歯学部は、2011年度に学費を大幅に下げて話題になった。初年度学費は348万円（私立歯科大学平均＝約81

2万円）に、6年間の学費合計は1888万円（同平均＝約2932万円）となる。両大学は姉妹校である。

優秀な歯学部受験生は、国公立大学歯学部をねらうか、私学でも学費が比較的安い伝統のある大学を選ぶことになるだろう。私立大学では医学部と同様に歯学部も、経営の体力勝負による生き残りをかけた戦いが始まっている。

薬学部

薬学部受験生と私立大学薬学部の悩み

薬学部を志望する地方進学校の受験生が悩むのは、製薬メーカーなどの研究者を希望し、国立大学薬学部4年制を受験する場合である。今までの4年制なら、薬剤師の資格を取得していれば、希望企業の就活に失敗しても病院薬剤師などの道も開けていた。ところが新制度では、4年制に進学して大学院を出ても、薬剤師になるには、さらに規定の実習などをこなさなければならず、事実上むずかしい。

これは2006年に、薬剤師養成課程6年制と薬科学などを研究する4年制とに分かれためである。

私立大学薬学部で4年制課程を設置している大学は、57大学のうち13大学で4分の1に満たず、定員を満たしている割合も少ない。大半が6年制課程に特化したのである。主に国立大学に残る4年制に進学した者のほとんどは、卒業後、大学院に進学する。製薬メーカーの研究者の採用も修士が多い。

4年制→大学院で薬学研究者の道をとるか、6年制で薬剤師の道をとるか、どちらにしても、進路の選択はむずかしい。特に国立大学薬学部志願者に多い悩みである。

薬剤師の道を選んだとしても、今までより相当きびしい道のりとなっている。

厚生労働省の「薬学系人材養成の在り方に関する検討会」では、6年制の現状で留年や退学している学生が入学者のうち1割以上もいると報告されている。ある私学関係者は6年制の学生が初めて卒業する2012年春には、2006年入学者のうち留年や中退の学生が3割に達するだろう、と予測する。

一方で定員割れが目立つ私立大学薬学部の悩みも深い。

一部では入学定員について経営サイドと教学側の考えにギャップがあるといわれる。経営サイドは、なるべく合格者を多くして定員を充足させ、学生納付金を確保するだけでなく、定員割れの汚名をぬぐいたい。ところが、教学側は留年や退学者を減らし、国家試験に合格するレベルの教育の質を確保したい。そのために入学者の選抜をきびしくしたい、というわけだ。

6年制初の2012年度国家試験（2012年3月末に合格者を発表）が迫っている。受験するのは、主に2006年度入学組である。ほとんどが現役の新卒であり、まさにその大学の薬学教育の真価が問われる。平均以上の合格率を確保して6年間の薬学教育の質を実証できたかどうか。志願者はきびしく判断する。

その大学別合格状況によって、私立大学薬学部はもちろん、一部の国公立大学においても、勝ち組・負け組の明暗を分けることになろう。

厚生労働省の長期予測、「薬剤師は過剰」

2006年の薬剤師養成課程の6年制移行をビジネスチャンスとばかり、私立大学の多くが薬学部の新増設に走った。それが2003年度からの新設ラッシュであった。薬学部が急増した結果、1999年度には7720人だった薬学部の定員が、2007年度には1万3274人となったのだ。

ところが今になって思えば、この思惑が裏目に出た。

確かに当初は受験生が殺到し、2004年度はほとんどの薬学部が6倍以上の高倍率を示した。新設の武蔵野大学薬学部（東京都）は21倍という驚異的な競争率を記録した。2011年に定員割れしている新増設の薬学部も、当時はほとんどが志願倍率5倍を超えていた。

2005年度までは4年制なので、入学して4年後の国家試験に合格して薬剤師になれば、2006年度入学組が受ける6年制薬剤師と、ほぼ同格の資格を先取りできる。そのような思惑で4年制薬学部に駆け込んだ受験生も少なくなかった。

しかし2006年入試以降の受験生や保護者は、他の学部の4年間より2年多い6年分の就学期間と在学費用を費やすほど、薬剤師という仕事に経済的なメリットがあるかどうかを、シビアに考えるようになった。その結果、薬学部の募集人員増もあり、定員割れの私立大学薬学部が続出し、特に新設校がひどかった。実際に2010年春の志願動向を見ると、国公私立大学志願者全体では、前年の2009年を100として103の微増になっている。ところが薬学系は国立が98、私立は92となっている。

このように私大薬学部の志願者離れが目立つ。毎年、入学定員充足率が100％に満たない私大薬学部は大変だ。

半面、2006年には25万人の薬剤師がおり、厚生労働省の調べでは10年後の2016年ごろには37万人に増える。それに対して薬剤師のニーズは多めに見積もっても、30万人を超えないだろう、と推定されている。6年制の薬剤師への求人は数年は続くであろうが、やがて、求人数は落ち着く。現在は薬剤師を大量に採用しているドラッグストアも、人件費の高い薬剤師をそうそう雇えるか疑問である。

薬学部から他学部への転身の可能性

薬剤師過剰という事態が明らかになれば、今後は厚生労働省は合格ラインを上げ、薬剤師国家試験の合格者数を絞ろうとするであろう。

6年制薬学部卒業者、すなわち受験資格者は急増するのに、合格者数は絞り込みということになれば、当然合格率は下がる。

すると薬学部志願者はさらに減少する。結局、特に新設の薬学部や今でも国家試験合格率の低い私立大学薬学部は、悪循環に陥ることになる。

次ページの［表7］を見よう。定員充足率が100％に満たない状態が2年続いている

[表7] 私立大学薬学部6年制入学状況(2009年度、2010年度)

	2009年度			2010年度		
大学名	入学定員	入学者数	定員充足率(%)	入学定員	入学者数	定員充足率(%)
北海道医療大学	150	170	113	150	182	121
北海道薬科大学	210	243	116	210	227	108
青森大学	90	61	68	90	53	59
岩手医科大学	160	172	108	160	163	102
東北薬科大学	330	348	105	300	314	105
いわき明星大学	150	73	49	150	78	52
奥羽大学	140	93	66	140	103	74
国際医療福祉大学	180	118	66	180	223	124
高崎健康福祉大学	90	94	104	90	95	106
城西大学	250	333	133	250	277	111
日本薬科大学	320	270	84	320	223	70
城西国際大学	180	95	53	180	82	46
千葉科学大学	150	116	77	120	102	85
帝京平成大学	240	235	98	240	225	94
北里大学	260	−	−	250	258	103
慶応大学	180	176	98	180	195	108
昭和大学	200	209	105	180	192	107
昭和薬科大学	240	258	108	240	251	105
帝京大学	320	324	101	320	344	108
東京薬科大学	420	453	108	420	428	102
東京理科大学	80	75	94	80	86	108
東邦大学	220	252	115	220	238	108
日本大学	240	269	112	240	260	108
星薬科大学	230	267	116	260	268	103
武蔵野大学	145	150	103	145	139	96
明治薬科大学	300	335	112	300	306	102
横浜薬科大学	360	363	101	360	370	103
新潟薬科大学	180	210	117	180	180	100
北陸大学	306	146	48	306	118	39
愛知学院大学	150	151	101	150	161	107
金城学院大学	150	122	81	150	143	95
名城大学	250	288	115	250	280	112
鈴鹿医療科学大学	100	115	115	100	101	101
京都薬科大学	360	406	113	360	402	112
同志社女子大学	120	113	94	120	149	124
立命館大学	100	99	99	100	142	142

大学名	2009年度			2010年度		
	入学定員	入学者数	定員充足率(%)	入学定員	入学者数	定員充足率(%)
大阪大谷大学	140	151	108	140	139	99
大阪薬科大学	270	−	−	270	−	−
近畿大学	150	177	118	150	150	100
摂南大学	220	228	104	220	245	111
神戸学院大学	250	251	100	250	254	102
神戸薬科大学	270	277	103	270	276	102
姫路独協大学	120	85	71	120	60	50
兵庫医療大学	150	150	100	150	150	100
武庫川女子大学	210	203	97	210	194	92
就実大学	150	73	49	150	97	65
広島国際大学	160	180	113	160	156	98
福山大学	200	107	54	200	88	44
安田女子大学	130	66	51	130	70	54
徳島文理大学	200	140	70	200	127	64
徳島文理大学香川薬学部	110	103	94	110	65	59
松山大学	160	90	56	160	83	52
第一薬科大学	173	188	109	173	195	113
福岡大学	230	237	103	230	245	107
長崎国際大学	120	84	70	120	86	72
崇城大学	120	136	113	120	131	109
九州保健福祉大学	180	133	74	140	140	100
計　57大学	11294			11164		
(注)の2大学を除く計	10764	10261	95	10894	10309	95

出典／日本私立薬科大学協会調査
注・北里大学と大阪薬科大学は、入学後に課程が分かれるため一部、空欄とした。

薬学部は、青森大学、いわき明星大学、奥羽大学、日本薬科大学、城西国際大学、千葉科学大学、帝京平成大学、北陸大学、金城学院大学、姫路独協大学、武庫川女子大学、就実大学、福山大学、安田女子大学、徳島文理大学、徳島文理大学香川、松山大学、長崎国際大学などである。北陸大学や徳島文理大学などを除き、ほとんどが新設である。

姫路独協大学は、法科大学院が初の募集停止に踏み切った公私協力方式の大学だ。入学定員充足率が100%に満たないこれらの大学は、おおむね入学難易ランクも低い。それだけに今後は入学してからの教育によって、学生の質を高めることが期待される。逆にいうと、2012年の薬剤師国家試験の結果が期待はずれだと、今後さらに志願者離れが進み、それが大幅な定員割れにつながるだろう。

リーマンショック以降の就職氷河期の再来で資格志向が高まり、薬学部志願者の減少傾向に歯止めがかかるかと一時期待されたが、残念ながら他学部に比べ凋落《ちょうらく》傾向が続いている。

これからは、少子化による受験生数減少の長期トレンドにのみこまれ、また不況で学費の安い国公立大学薬学部に優秀な受験生が集まるため、私立大学薬学部の苦境はより一段と強まる。結局、入試でいかに優秀な受験生を集め、6年間を戦い抜く入学者を確保できるかが生命線だ。

6年制は4年制に比べ、カリキュラムが非常にシビアになっている。4年制から6年制へと年限は1・5倍に伸びただけだが、学ぶ分野や必要な知識は2倍になり、内容も広くハイレベルとなったというのが一般的な見方だ。

特に5年生になると、5カ月の実務実習（病院と薬局各2・5ヵ月）が課される。それには4年次後期に実施される薬学共用試験で一定の成績をクリアしなくてはならない。病院や薬局の実習も、人命に関わる分野だけに基本的な知識や態度が必要になるからだ。

2012年以降は、時間がたつにつれ、薬剤師になっても就職先がない現象が顕在化する。それにつれて、私立大学薬学部志願者が減少、定員充足率が低迷し、薬学部の定員減、さらに他学科への衣替えを図る大学が出てくるであろう。

薬学部の事情に詳しいある教授が「もしかしたら社会の要求に応え、薬学部の半分は別の学部になっているかもしれません」と悲観的な予測をしている。

別の学部に衣替えすることに成功するのは、力のある総合大学だけであろう。

これからの私立大学薬学部は、経営的にも冬の時代を迎えることになりそうだ。

コラム4

医療系資格にこそ、免許更新制を導入すべきだ

医学・歯学・薬学の学問研究の進歩は目覚ましい。数年前に大学で学んだ知識とその後の経験も、そうした最先端の専門性が加味されてこそ、患者の信頼も生まれてくる。そこで必要なのは、患者と接する医師や歯科医、薬剤師が、そうした最先端の知識を持っているかどうか検証できるシステムである。その認定証が表示されていれば、患者も安心できる。その検証システムと認定制度が、免許更新制である。

新しい専門知識や実務能力の測定と研修であり、4年制時代の医・歯・薬学部出身者には新しい高度な技術を身につけるチャンスにもなるであろう。

その免許更新制に基づく臨床研修の場や先端学問分野の研究者養成などに特化するため、一部の国立大学医・歯・薬学部も統合して学部教育よりも研究大学院にすることも将来ありうる。

またその免許更新制度新設と併せて、総合的に医療教育制度の見直しを進める

べきである。地域枠の拡大だけでなく、自治医科大学のように半官半民の医療系公設民営大学をつくって、医療過疎地域への派遣制度をつくることも考えられよう。また、医療ニーズの高い専門職養成課程に医療系学部を分化することも考えられる。

何よりも従来の枠にこだわらない自由な発想も要求される。たとえば歯科医に必要な麻酔の専門知識を生かして、医療現場の麻酔医不足に対応する柔軟な医・歯連携システムの確立も進めるべきだ。欧米では、その点で先行している。

ほかにも高齢者の在宅医療における歯科医や医師の訪問治療制度を進め、高齢者の生活情報の収集と対策に役立てることができる。患者待ち医療から一歩踏み出すことが必要である。

地域において、高度の医療技術を持つ医師、歯科医、薬剤師、看護師、その他の医療技術者が参加する総合プロジェクト医療チームが自在に活動できる制度の拡充こそが、将来の最も大きな課題になってくる。

第5章 淘汰時代が始まった法科大学院

2004年に法科大学院がスタートし、2006年に新司法試験が始まった。法曹改革を目指した新制度だったが、この二つは文部科学省と法務省とに管轄が分かれ、その縦割り行政の弊害がすぐに現れた。文部科学省は大学からの法科大学院の申請をほぼ認め、大量の法科大学院生を誕生させた。一方、法務省は当初の司法試験合格者3000人構想から後退、ここ数年の合格者は2000人前後となっている。当然、合格率は年々下がるばかりだ。そのため、法科大学院の人気が下降し、定員割れが続出した。

法科大学院とは専門職大学院であり、その大学の学部とは別組織になっている。他の大学出身者や社会人など、幅広く受け入れている。

法学部出身でない者や社会人を想定した未修者3年コースは、司法試験での知識偏重の短答試験がネックになり、合格率が法学部出身者を対象とした2年既修者より、著しく悪い結果になった。それでさらに志願者が敬遠した。人材の多様化という理念の達成は遠のくばかりだ。現実の法曹志望者のことを真剣に考えなかった制度設計のミスとしかいいようがない。

定員割れの現状追認に過ぎない定員削減

兵庫県姫路市の姫路独協大学法科大学院が2011度以降、前述のように学生募集を停止することになった。同大学院は2010年度入試で合格者が1人もおらず新入生0人であった。2004年4月に法科大学院制度がスタートして以来、全国で初めての撤退となる。

ただ新司法試験合格率の低迷は、姫路独協大学法科大学院だけの問題ではない。法科大学院の総定員は2010年が4900人強であり、前年より880人減った。かなりの減少率といえるかもしれない。

それでも現在の2000人前後の新司法試験合格者数が定着すると、40%しか合格できない。4000人の法科大学院修了、約3000人合格で、75%の合格率という当初想定されていたハッピーな制度設計は、事実上破綻した。

法科大学院の中には定員割れも目立ち、また文部科学省の定員削減方針を受けて、各法科大学院は入学者を確保するため、入学定員削減に踏み切った。ここ2、3年で全体で「2割ちょうど」ぐらいの削減率となっている。

もともと、定員割れの法科大学院が80%に達していた。2009年度の入学定員充足率は84%である。定員を2割削減するといっても、単に欠員の現状を追認したに過ぎない。

しかし、この程度の削減では合格率改善の期待値には届かず、日本弁護士連合会ではさらに追加して4000人程度の定員に減らすよう提言している。司法試験合格者2000人として、4000人でも新司法試験合格率50%である。5年間に3回受験という規制の枠があるので、受験者は限定されて司法試験合格の可能性は現状より高くはなるだろう。

未修の在職社会人出身は、今や「絶滅危惧種」

前述したように、法科大学院には法学未修の他学部出身者や社会人を対象とした未修3年コースと、法学部出身者の既修2年コースとがある。法曹改革の理念は未修コースを重視していた。法学部の在学生や司法浪人だけでなく、他学部の出身者や社会経験のある人にも入学してもらって、法曹における人材の多様化を進めようというねらいだ。

そのため、法科大学院には認証評価基準があり、入学者の3割を未修者コースとして社会人や非法学部出身者にするというのが一つの基準となっている。2割を切るとその対応措置を迫られる。

初年度の2004年はマスコミからも注目され、キャリアのある職業人がかなり法科大学院を目指した。法科大学院入学者のうち他学部出身者は35%、社会人は48%を占めた。

社会人の中には、医師、公認会計士、特許庁の役人、ベテラン地方公務員などがおり、多様な経験を持っていて、法曹を育成する趣旨にかなうと世論も好意的に受け入れた。ただし優秀な法学部在学生やOBは、まだ合格者が多かった旧司法試験をねらい、法科大学院を受験しなかったという見方もあるが……。

ところが新司法試験の当初の構想では全体で7〜8割の合格率であったのが、法科大学院修了生が多すぎて、3〜4割という見込みになってしまった。そのため次年度からは志願者が減少した。未修（3年）コースでは社会人や非法学部の者がスタート時に5割以上だったのに、最近では3割台すれすれの法科大学院も少なくない。キャリアのある職業人から敬遠されたためだ。

もっとも、この社会人の定義は大学によって異なり、話題の主のような期待どおりの職業についていた社会人もいれば、既卒の無職浪人を含める大学院もある。最近では、ある法科大学院教員によれば、職業人だった社会人法科大学院生は、「絶滅危惧種」だという。

現在の職業生活を犠牲にして法科大学院に入っても、予想より法曹（弁護士）への道が狭き門であることがわかってきたのだ。2010年度の新司法試験合格率が25％とあっては、7〜8割の合格率を信じた社会人の法科大学院生が約束が違うと思うのもムリはない。

社会人や非法学部出身者が減少しているため、司法改革のねらいでもある人材の多様性が確保できなくなる。

最近はどの法科大学院でも法学部新卒者がほとんどを占め、当初の理念は実現不能となっている。医師やシステムエンジニアなど職業経験のある社会人の法科大学院生は、定員削減を機に本当に絶滅してしまうかもしれない。

未修者の合格率はなぜ低いのか

未修者には、入学にあたって法律試験を課さないことになっている。そのため、法律に対する適性や知識があるかどうかを判断することができない。入学してから法律の発想や文章になじむことができなくて、悩む人もいるという。

法科大学院の入学試験は　全国共通の適性試験を受けるのが原則。あとは大学ごとに独自の試験を行っている。

愛知大学では、一般に未修者コースの入学試験の成績と入学後の成績とは関係がほとんどないという。既修者コースの場合は法律試験を行っているので、その成績と入学後の成績とは、はっきり高い関係が認められる。

［表８］ 司法試験合格状況の推移（過去5年間）

	受験者数			合格者数			合格率		
	既修	未修	計	既修	未修	計	既修	未修	計
2006年	2091	／	2091	1009	／	1009	48%	／	48%
2007年	2641	1966	4607	1215	636	1851	46%	32%	40%
2008年	3002	3259	6261	1331	734	2065	44%	23%	33%
2009年	3274	4118	7392	1266	777	2043	39%	19%	28%
2010年	3355	4808	8163	1242	832	2074	37%	17%	25%

※法務省公表のデータより作成

［表８］は２００６年から２０１０年までの司法試験合格状況を示すものだ。２０１０年の司法試験合格者率を見ると全体は25％。既修者コース修了者の37％に対し未修者コース修了者は17％で、20ポイントも低かった。差はここ1、2年あまり変わらない。この差はどこから生まれるのか。

法務省では、２００９年秋に、岡山大学、早稲田大学、東京大学、南山大学、筑波大学の法学未修者修了生で、新司法試験に合格した5人にヒアリングをした。

司法試験では、法曹人としての基礎的な知識を問う短答試験と専門知識を問う論文試験がある。すでに述べたが、この短答試験の合格率が未修者はかなり低い。この短答試験の内容に未修者にとって不利になる要素があるのではないか、という意見が出された。

ヒアリングでは、5人の法学未修者修了生から、その点も含めて、さまざまな意見が述べられたが、未修者の合格率が低い理由として次の三つにまとめられた。

まず第1に、1年間で六法を学修するのは大変むずかしいということだ。未修者の学修期間は既修者より1年間長いが、法学について一般教養程度の知識しかない未修者が、その1年間で憲法、民法、商法、刑法、民事訴訟法、刑事訴訟法とその関連分野の内容を十分に理解するには、とても時間が足りない。

第2に法科大学院の科目構成が試験対応になっていないことだ。法科大学院のセールスポイントである双方向授業や実践的な模擬試験や相談などの活動、環境や知的財産などの先端科目などもよいが、その前に法律の基礎を学ぶ授業が少なすぎる。最初の1年間で法学部既修者の学部4年間の勉強に対抗するわけで、法律の基礎が弱い未修者は、どうしても短答試験での合格率が低くなってしまう。これは第1の要素と関連する。一方、短答試験合格者が受ける論文試験では、未修者と既修者の成績が互角という報告もある。

第3に、法科大学院では、問題演習が足りないということである。司法試験問題には、実際の授業の知識と理解では対応できない問題がかなり出る。別に受験指導を要求する意見はなかったが、もっと問題演習をしてほしい、という要望が出ていた。

法科大学院に在学しながら、司法試験予備校に通う学生が多い現実もある。法科大学院によっては問題演習を重視していないところがあり、合格最優先の学生にとっては、自学自習だけでは十分に対応できないことが悩みになっている。

このように法科大学院の現状、特に未修者向けの授業に対する注文は数多くあったが、社会人や未修者に法曹への門戸を広く開く意義を否定する意見はなかった。

ヒアリングを受けた理系出身者は、現状のままでは後輩から相談を受けても、とても法科大学院進学を勧めることはできないという。半面、理工系の学生が知的財産や環境など、理系に関係のある法律知識を持つことは、これから大切になると強調していた。

根本的には、アメリカのロースクールを機械的にまねして制度設計した点に大きな問題があったのではないだろうか。アメリカの大学の学部レベルには、法学部がないので、必然的にロースクールでは全員が未修者となる。

ところが、日本には法学部がある。法科大学院に進学する者は法学部出身者が多数になるのは当然のことである。彼らは高校生のころから、法曹を目指したのである。

その意味では、法学部出身でない受験生を想定した未修3年コースであっても、法律の基本知識やリーガルマインド（法適用の的確な判断）を問う試験を行うのを原則にするべきだ。一般社会人が持つべき最低限の基礎的法知識を、入学前に学ぶことは当然である。法の基本を知らずして、ロースクールに入学することは本人にとってもよいことではない。そのうえで、社会人や非法学部出身の受験生を小論文や面接などで選考すべきであろう。

さまよえる司法試験浪人が累積増加

また、合格可能性を考えて法科大学院を修了させない、あるいは受験を控えさせる動きも、一部の私立大学の法科大学院には出ている。いわゆる司法浪人が増加するだけでなく、結局法曹界に進めない法科大学院生がどんどん生まれてくる可能性が大きい。それを総合的にどうケアするか、という問題も生まれる。

大学院修了後、5年間で3回しか受験が許されず、その後は受験資格がなくなる規定があるため、3回失敗した既卒者は、以前の司法浪人より悲劇だ。5年目の合格発表直後に、この受験資格喪失者が大量に発生する。

すでに2008年に3年連続で不合格となって受験資格を失った人は241人、2009年は571人になった。2010年には累積でおそらく1000人を超えたであろう。

これからもっと増加することは必至だ。

その中には、これまでの仕事をなげうって法科大学院に入学した者もいる。彼らは、これからも法曹を目指すならば、学歴、年齢に制限がなく、法科大学院卒業要件がなくても受験できる司法試験予備試験にチャレンジするか、再度法科大学院に入学しなくてはならない。予備試験は合格率が極度に低いと予想されており、あまり現実的な選択肢にはならない。

法科大学院の高い学費負担と2~3年の年月をかけ、さらに卒業して5年間勉強しても合格できない人が急激に増えれば社会問題化する可能性もある。

企業が、社会経験もなく3回の受験に失敗した30歳近い者を採用するだろうか? 不況でなくても少数厳選採用方針の企業が多いだけにきびしい。

法科大学院協会でも職域拡大の担当者を決め、司法試験終了後に法科大学院修了者の採用を実施するよう経済団体に呼びかけているが、ほとんどの企業ではその予定はないと答えた。最終的には「自己責任」で黙殺されるのであろうが、当初の7~8割の合格率を信じた受験生には酷な話である。

旧司法試験時代にもあった司法浪人は何年でも挑戦できたが、新制度ではその機会も3

回しか与えられていない。そこで方向転換をせよということなのであろう。

合格実績での慶応の大躍進と早稲田の凋落

174～175ページの［表9］は法科大学院別の司法試験合格状況である。

2010年度の司法試験合格率では、慶応大学が50・4％で、初めてトップに躍り出た。50％以上の合格率は、一橋大学50・0％と2校しかない。合格者数では慶応大学は179人と3位であった。

ただ前述したように、合格した法科大学院生は慶応大学法学部出身者だけではない。同大学院のパンフレットの合格者座談会を見るとわかるように、早稲田大学とか一橋大学など他大学法学部出身者も少なくない。

以前に司法試験の考査委員だった慶応大学法科大学院の元教授が、試験前に実際の問題に類似した論点を学生に説明していたことが発覚した事件があった。この時、法科大学院協会は、慶応大学法科大学院の会員資格を1年間停止する処分を決めた。しかし、これは受験生にはむしろマイナスイメージではなかったようだ。それくらいの受験態勢を取れる大学院でなくてはダメだ、と逆転の発想をする法曹志望者もいた。

一方、旧司法試験時代は、合格者数で東京大学とトップ争いを演じた早稲田大学は、後退している。

早稲田は未修者の募集人員が全国で一番多かった法科大学院であったが、法曹改革の理念に従ったことが裏目に出た、という評判だ。旧司法試験ではトップクラスの合格者数だったのに、新司法試験では5位前後に甘んじている。

その理由は早稲田大学法学部卒業生が、3年間の未修コースがほとんどである母校の法科大学院を嫌い、他大学たとえば中央大学や慶応大学などの法科大学院の2年既修コースなどに行ってしまうからだといわれている。

今までは募集人員300人のうち既修課程を希望する者に対しては、独自に法学既修認定試験を実施してきた。2007年の認定試験で受験者104人のうち認定者は16人。2年後の2009年新司法試験の既修受験者はその16人である。

そこで、早稲田大学法科大学院も、2011年より、募集人員を300人から270人に減らすと同時に、既修者枠（150人予定）を拡大する。

ただし2010年の大学院入試でも、法学既修認定者が208人と急増しており、2012年にはそれが新司法試験の合格状況に反映するだろう。

[表９] 司法試験の各大学院別合格状況（2009年度、2010年度）

※2010年の合格率の順

順位	法科大学院名	2009年度受験者数	2009年度合格者数	2009年度合格率（％）	2010年度受験者数	2010年度合格者数	2010年度合格率（％）
1	慶応大学	317	147	46.4	355	179	50.4
2	一橋大学	132	83	62.9	138	69	50.0
3	東京大学	389	216	55.5	411	201	48.9
4	京都大学	288	145	50.3	277	135	48.7
5	千葉大学	64	24	37.5	69	30	43.5
6	北海道大学	156	63	40.4	144	62	43.1
7	中央大学	373	162	43.4	439	189	43.1
8	大阪大学	155	52	33.5	180	70	38.9
9	東北大学	154	30	19.5	159	58	36.5
10	名古屋大学	120	40	33.3	139	49	35.3
11	神戸大学	149	73	49.0	144	49	34.0
12	早稲田大学	380	124	32.6	397	130	32.7
13	愛知大学	41	20	48.8	44	14	31.8
14	金沢大学	49	11	22.4	54	17	31.5
15	首都大学東京	87	34	39.1	101	30	29.7
16	山梨学院大学	46	12	26.1	51	14	27.5
17	九州大学	174	46	26.4	175	46	26.3
18	大阪市立大学	96	24	25.0	119	31	26.1
19	筑波大学	34	3	8.8	43	11	25.6
20	明治大学	310	96	31.0	335	85	25.4
21	福岡大学	38	7	18.4	36	8	22.2
22	同志社大学	235	45	19.1	262	55	21.0
23	広島大学	84	21	25.0	77	16	20.8
24	立教大学	112	25	22.3	116	24	20.7
25	熊本大学	32	5	15.6	34	7	20.6
26	関西学院大学	191	37	19.4	182	37	20.3
27	学習院大学	86	21	24.4	94	19	20.2
28	名城大学	37	7	18.9	50	10	20.0
29	上智大学	144	40	27.8	168	33	19.6
30	専修大学	83	17	20.5	97	19	19.6
31	創価大学	76	12	15.8	92	18	19.6
32	香川・愛媛連合	42	3	7.1	52	10	19.2
33	横浜国立大学	79	20	25.3	89	17	19.1
34	立命館大学	243	60	24.7	249	47	18.9
35	静岡大学	36	4	11.1	37	6	16.2
36	岡山大学	52	13	25.0	53	8	15.1
36	神奈川大学	60	4	6.7	53	8	15.1

順位	法科大学院名	2009年度受験者数	2009年度合格者数	2009年度合格率(%)	2010年度受験者数	2010年度合格者数	2010年度合格率(%)
38	関西大学	207	35	16.9	220	32	14.5
38	法政大学	138	25	18.1	165	24	14.5
40	中京大学	38	6	15.8	42	6	14.3
41	近畿大学	50	9	18.0	57	8	14.0
42	南山大学	59	18	30.5	73	10	13.7
43	駒沢大学	48	5	10.4	68	9	13.2
44	琉球大学	40	4	10.0	38	5	13.2
45	日本大学	153	20	13.1	163	21	12.9
46	信州大学	26	4	15.4	41	5	12.2
47	成蹊大学	68	14	20.6	93	11	11.8
48	久留米大学	50	5	10.0	51	6	11.8
49	広島修道大学	47	6	12.8	60	7	11.7
50	龍谷大学	48	5	10.4	70	8	11.4
51	西南学院大学	67	10	14.9	72	8	11.1
52	新潟大学	81	14	17.3	82	9	11.0
53	明治学院大学	77	9	11.7	87	9	10.3
53	島根大学	23	1	4.3	29	3	10.3
55	神戸学院大学	28	3	10.7	39	4	10.3
56	大宮法科大学院	81	12	14.8	118	12	10.2
57	甲南大学	93	17	18.3	110	11	10.0
58	北海学園大学	24	7	29.2	31	3	9.7
59	東洋大学	70	5	7.1	77	7	9.1
60	愛知学院大学	26	4	15.4	34	3	8.8
61	駿河台大学	80	4	5.0	92	7	7.6
62	国学院大学	55	6	10.9	68	5	7.4
63	桐蔭横浜大学	62	8	12.9	83	6	7.2
64	白鷗大学	24	4	16.7	35	2	5.7
65	大阪学院大学	36	2	5.6	55	3	5.5
65	関東学院大学	56	7	12.5	55	3	5.5
67	京都産業大学	51	1	2.0	74	4	5.4
68	東北学院大学	33	4	12.1	39	2	5.1
69	大東文化大学	43	3	7.0	47	2	4.3
70	独協大学	66	5	7.6	81	3	3.7
71	東海大学	50	3	6.0	55	2	3.6
72	青山学院大学	89	8	9.0	83	3	3.6
73	姫路独協大学	26	2	7.7	30	0	0.0
73	鹿児島大学	35	2	5.7	31	0	0.0

※法務省公表のデータより作成

理念と現実の落差が生んだ矛盾

法曹の人材の多様化という当初の理念にそって、未修者の割合を多くしていた早稲田大学法科大学院の方針転換に、現在、法科大学院が置かれている状況を探る一つのポイントがある。

そこで、早稲田大学法科大学院教務主任（当時）の古谷修一教授に話を聞いた。

「法科大学院の1期や2期の入学者には社会人や他学部出身者も多く、まさに多様でした。ところが新司法試験全体の合格率が想定よりも低く、リスクに敏感なこれらの層が法科大学院を受験しなくなってしまった。現在は早稲田大学のように未修者が多いことが知られているところでも、3割ぐらいですね。そのため、法学部の新卒者が入学者のほとんどを占めるようになり、そうした現実を踏まえて既修にシフトしたわけです」

単に未修者の合格率が低いというより、法科大学院志望者の質的変化に対応したものであるということだ。

また、前述のヒアリングにもあったように、新司法試験が多様な人材を受け入れるような出題内容になっていないのではないかと、同教授も疑問を呈している。

「論文試験は、旧司法試験よりリーガルマインドや事例判断による論述など、格段に内容がよくなっています。これに関しては既修と未修の学生で、それほど合格率の差が出ていません。ところが短答試験の問題は、学習期間というか暗記量の多い者、それだけ長く勉強していますから既修者が有利になっている。単に法律知識の多寡で判断するなら、理工系など他学部の人材を法曹に生かしたいという当初の理念と合わないと思います」

社会人や他学部出身の未修者が目的意識や理想を持っていても、結果的に新司法試験に合格しないことには、その情熱は空回りに終わってしまう。その情熱を実現するにも、司法試験にまず合格することが前提になるという認識を強く持つようになったという。

「しかし、別に試験対策にシフトするわけではありません。たとえば未修の3年間なら、1年目は六法プラス行政法の七法を徹底的に学び、基礎体力をつける。2年目には法律事務所や企業、官庁などでのエクスターンシップや、実際に法律文書を作成して裁判所に提出するなど実践的なクリニックに取り組む。ここで情熱を具体化する手立てを習得するわけです。そして3年目には、また基礎・基本に戻って体力をさらに充実させる。この基礎体力の学習では、従来より民法を重視するカリキュラムに変える予定です」

既修者には基礎があるという前提でいきなり応用に入るのではなく、最初の年に法律科目基礎演習で七法の基礎体力を充実させるという。このように、法学部でしっかり勉強してきた者にも基礎体力からきたえる指導をする。

また海外留学やボランティアなどに力を注いできた法学部の学生には、未修コースに入学して、1年目に基礎・基本の知識と理解を身につけてもいいのではないか、ということであった。

地方小規模法科大学院をつぶしてよいのか

香川大学・愛媛大学連合法務研究科は、四国で唯一の法科大学院である。しかし高松―松山間の移動には特急で2時間半かかる。時間的にも相当な距離があり、人的交流も困難だと話す前教員もいる。

文部科学省が要請する法科大学院の共同実施や統合は、大都市では可能かもしれないが、定員割れの大きい地方の大学院ではむしろ、むずかしい面がある。教育内容や学生の質の確保に問題があり、大幅改善が必要とされる「重点校」や「継続校」には、定員が少ない小規模の法科大学院が多く、特に地方に目立つ。

地方の小規模法科大学院にはハンデが多い。大都市に多い弁護士など実務家教員を十分に確保するのはむずかしく、新司法試験に対応した科目を専門的に指導できるスタッフを充実させるのは容易なことではない。たとえば島根大学法科大学院生は「スタートの頃には、民法の実務家教員が少なくて困りました」と発言していた。

島根県は弁護士数が少なく、ゼロワン地域（弁護士の登録がない地域と1人しか登録していない地域）も少なくない。そのため、同大学院は地元から期待され支援も厚い。通称〝山陰法科大学院〟と呼ばれ、山陰地方にただ一つの法科大学院である。

山陰地域枠として、地元出身者を対象にした入学金・授業料免除の奨学金を設けているのもそのためだ。２００６年度から4年間で、新司法試験合格者が9人と少なく、その点が問題視されていた。しかし、その合格者の半数は、島根県弁護士会や鳥取も含めた地元の周辺に就職している。また法律知識のある専門家として、地元の県庁などに就職している者もいる。

ゼロワン地域の解消という当初の理念から考えると、法科大学院の地域貢献を軽視して合格実績だけで評定することには疑問がある。逆にいえばゼロワン地域だからこそ、実務家教員を確保しにくい、という矛盾は最初から推測できたはずである。法科大学院教育の内容と、ゼロワン地域の法曹を育成するという理念がミスマッチを起こしているのではないだろうか。

首都圏で奮闘する千葉大学法科大学院

新司法試験スタート時に合格率トップクラスで、今なお40％前後の合格率をキープしている千葉大学大学院専門法務研究科の責任者に2007年に取材した。

新司法試験2年目の2007年は、3年コース（未修コース）が初めて受験し、同大学院は合格率89％と非常に高い結果を示していた。

その3年コースには23人入学したが、そのうち13人が非法学部、10人が法学部出身。退学・休学各1人、卒業は21人、そのうち18人が受験し、16人合格。中でも社会人は11人受験して10人が合格し、9割を超えた。これらの学生が入学した年は、志願倍率が42・3倍と非常に高倍率で、資質・能力・意欲ともに高い入学者が多かった。また学年のまとまりもよく、お互いに協力しながら、自主的な勉強組織を作っていたことも功を奏した。システムエンジニアが多く、中には自分一人で起業した社会人学生もいて、とても優秀で、特に論理的思考力がすぐれていたという。

同大学院では、教科書に寄りかからない実践的教育を志向している。具体的には、ある事案に法や判例を適用し、それを口頭や文書で表現する法律文書の起案ができるように指導する。この演習を双方向で徹底的に繰り返す。

学部の教科書で暗記した法律や判例をただ当てはめればよい、というわけにはいかない。教科書は、いわば化粧し一般化されたきれいな理論に過ぎない。しかし法科大学院ではそれでは通用しない。法的事案はグチャグチャな社会的現実を反映しており、それを整理して、法を適用し判断する能力を養成する。そうした能力ができれば、新司法試験にも合格できる応用力が身につく。暗記に頼るだけの素直すぎる学生は、そうした複雑なことがなかなかできないという。そこで少人数というメリットを活かしながら、双方向の質疑応答を重ね、そうした実践的な能力を培う。

これからは弁護士になっても、絶えず勉強して、キャリアアップを図っていかねばならない。法科大学院でそうした訓練を重ねているから、今までの弁護士よりその手法が身についているはずという。

工夫して実績残す愛知大学法科大学院

2010年も31・8%と比較的高い合格率で注目されている愛知大学法科大学院は、以前から地方私立大学の法科大学院の中で健闘している。その取り組みについて取材した。開設当初は他学部出身者や社会人も多かったが、それがどんどん減ってきて、今では法学部出身者が多くなってきている、という。ただし法学部の新卒でも、未修者コースに入学する者が多い。

既修者コースは、入学試験で法律科目の試験があるが、未修者コースでは課すことができない。愛知大学法科大学院は、6〜7割が未修者コースだ。学生同士が非常にフレンドリーで、学生たちの自主ゼミも活発だ。同法科大学院の新司法試験の2010年合格状況を見ると、未修者コースは合格率31％と、全国平均17％よりかなり高い。

法科大学院では、一般的に「ソクラテスメソッド」といわれるような対話型の双方向授業が奨励されている。しかし、愛知大学法科大学院では設立当初から、1年次の授業にはソクラテスメソッドを機械的に適用するのではなく、講義を基本にすえながら双方向授業も適宜取り入れるという方法を採用してきた。未修者に対しては徹底して基礎をわかりやすく丁寧に教えて、基本的な問題についての理解を定着させることが重要だと考えているからだ。

また、千葉大学法科大学院と同じく、起案を重視した指導が行われている。2年次以降に行われる授業では、生の事実に基づいた長文の事例問題が出題され、学生はあらかじめその法的紛争に法を適用した結論がどうなるのか自分の考えを起案する。これに基づいて、授業では双方向で議論が行われる。学生が書いた起案には、教員による丁寧な添削が行われることもある。

こうしたやり方に対して、「予備校的ではないか」という指摘がなされたこともある。しかし予備校教育は、学生に解答をパターン化して暗記させるので自分の頭で考える力が身につかない。同大学院で起案を重視するのは、法的に考える力を身につけさせるためだ。理解したと思っていても実際に書こうとすると適切に表現できないことは多く、実はよく理解していなかったと自覚できる。また、書きなおすことによって一層理解が深まり、考える力が身につく。

実務では書面が非常に重要で、書く力がないととても実務家は務まらない。個別の起案を添削するということは、1対1の家庭教師をしているのと同じで、究極の少人数教育でもある。

同大学院の入試合格者は例年、名古屋大学出身者が30%以上の20~28人を占め最多数となっている。他の国立大学や有名私立大学出身者も多く、ほとんどが地元出身者だという。

新司法試験合格者の出身大学別内訳も同様な傾向を示している。また彼らにとっては、地元というだけでなく奨学金制度が充実していることも大きな魅力だ。

これからどうなるのか法科大学院

今後の法科大学院の展望について、先出の早稲田大学・古谷教授は、「現在の司法試験合格者数（約2000人）がこのまま推移すると考えられますが、それでも以前の司法試験よりもかなり多いので、弁護士事務所等への就職はきびしくなるでしょう」と見通しを述べている。現に司法修習を終えても就職先を探している学生をかなり見かけるという。

その意味では、今後は法曹にOBが多く、ネットワークと伝統のある法科大学院が就職に有利に働くようになる。今までなら合格し修習を終わっていれば、どの大学を卒業したかということはあまり問題にされなかったが、数人の弁護士事務所で新人を1人募集したら数十人を超える応募者が来るような現状では、募集広告を出すよりも出身校に問い合わせることが増えるのではないかという。

さらに早稲田大学のアカデミック・アドバイザー制度のように、弁護士のOBが学生支援を行えるような総合力が、今後は法科大学院に問われてくる。合格率の結果だけでなく、就職力や学生支援、既卒浪人へのサポートなども、法科大学院の評価のポイントになってこよう。

また費用がかかるといっても、青山学院大学法科大学院のように既修者コースの入学者には全員、2年間の学費相当額を給付するという思い切った制度を導入しているケースもある。

法科大学院は独自に入学者を選抜するので、結果的に学内進学が少なくなることも多い。新司法試験合格者の出身大学を見ると、母体の大学出身者が圧倒的に少数の法科大学院もある。大学の法学部と併設の法科大学院は、教員や設備がもちろん共通することはあるが自校出身者が主流とは限らない。

法科大学院の合格者や入学者の内訳を見ると、東京大学や早稲田大学、中央大学、京都大学など従来から司法試験の合格実績の高い大学出身者が多く占めている。

新司法試験合格者も、それらの大学出身者が多い。結局、旧司法試験で実績のあった大学法学部卒業生が、全国の法科大学院に分散しただけではないか、という声が上がるのもムリはない。

千葉大学と愛知大学も、法科大学院入学者にはその大学の卒業生はかなり少数である。

これは専門職大学院として、独立して入試で選抜しているのだから、むしろ当然の結果といえる。

半面、伝統的な法学部を擁し、その卒業生の新司法試験合格をも一定数確保すべき経営的要請を負っている大規模法科大学院よりも、少人数教育で教育の裁量度が高いともいえる。

他大学生や社会人を含め多様な入学生を確保し、学生の自主性を尊重しながらリーガルマインドと法的専門能力を身につけることができる教育は、そうした法科大学院にこそ期待できるといえよう。

コラム5

キーワードはフロンティア精神

法科大学院生の中には弁護士を、高収入が約束された公務員のような職業と考えている学生がまだ多く、医師と弁護士は最強の国家資格である、というイメージを払拭できていない。それは最難関の旧司法試験を突破した合格者が300人だった時代の幻想である。

今後は、進路も法律事務所だけでなく、範囲を広げていくべきだろう。地方の司法過疎対策が一つの役割でもある法テラスや、ひまわり基金事務所（弁護士過疎・偏在解消のために、日弁連や地元弁護士会、弁護士会連合会から支援を受けて運営される）をはじめ、今まで法の光が当てられなかったホームレスや日雇い労務者、外国人労働者の生活扶助申請など法的権利をサポートする仕事などに目を向けるべきだ。

このような意識の改革が進めば、弁護士事務所で依頼人を待つ従来の待ち受け型業務ではなく、積極的に未知の分野に挑戦するフロンティア精神も生まれてくるだろう。

今日の社会は多くの司法に関わる問題を抱え、法律の知識が必要とされている。たとえば、ほとんどの大病院で医療訴訟を抱えている現状では、被告サイドの医療現場に医学知識を併せ持つ法律の専門家が要求される。早稲田大学法科大学院には医師の資格がある学生が、5～6人在籍していたという。

国には法制局という法律の専門家組織があるが、県や市町村など地方自治体でそのようなセクションを設置している例は少ない。行政は法令によって運営されているのであるから、今後は地方自治体に法律の専門家の採用が広がる可能性は高い。

最近、国の中央官庁が、国家公務員I種（いわゆるキャリア）の中途採用で、司法試験合格者という資格で募集するケースも出てきている。また企業間のM&A（企業買収・合併）などには法律専門家が欠かせず、企業にコンプライアンスが要求される現在、弁護士という資格を持っていなくても法律に精通した者が企業活動に重要なセクションを占めるようになる。

法科大学院修了、司法試験合格、1年半の司法修習、そして法曹、という単線コースにこだわることはない。自治体、企業、あるいは病院などで「法科大学院修了」者が法律の専門家としてきちんと評価されるように、法科大学院の位置づけを広く持たせるべきだ。

第6章　大学と企業の断絶——就活の悲喜劇

2009年11月に国民生活センターから、英会話教室やリクルート講座など、就職活動中の学生をねらった悪徳ビジネスへの注意が出された。雑誌やネットでも就活学生の不安や企業側の本音を探る記事が満載だ。大卒就職氷河期は、一つの社会現象となっている。

しかし、好況の頃から大企業に門前払いをされる学生層が存在していたことは忘れられている。有名大学の学生の情報ばかりでなく、そうした学生の就職難にも目を向けるべきだ。特に地方私立大学や、首都圏でも都心から離れた埼玉や千葉などの大卒就職率が一段と低い現実がある。中堅私立大学クラス以下の大学が多いからだ。

企業側から見た「内定の取れる学生像」とは違った一般学生の、本音と不満を探ってみた。

企業内でリストラが進み、採用担当者にもプロが少なくなった、という見方を裏付ける証言が続いた。

景気が変われば吹く風は変わるのか

２００７年の朝日新聞（12月17日付夕刊）の記事は、「企業　熱い学生争奪戦、売り手市場続き、あの手この手」と銘打って、高級ホテルでの説明会、海外インターン、旅行券抽選などをはなばなしく報じていた。いずれも甘やかしすぎではないかと思えるほどに、内定した学生をチヤホヤしている内容である。

その3年後に史上最悪の就職内定率68・8％（２０１０年12月）、前年を4・3ポイント下まわる就職氷河期が再来するとは誰が予想できたであろうか。リーマンショックの影響が長びいたためであるが、大学卒に限らず就職状況が景気の変動に左右されて運不運が分かれるのは、当人たちにはなかなか納得しがたいものがあろう。

とはいえ日本経済の高成長はもう望めず、大学進学率が50％を超える現在、大企業を志向する大学生にとって、これからも就職はますます狭き門となる。この状況は、現在の就職難が景気変動にかかわらず、将来も続く構造的なものであるという理由となっている。

ただし、２０１０年度の学校基本調査の結果でも、大学生数はほぼ横ばいだ。すなわち進学率が高くなっても実数は変わらない。18歳人口も減っているのだから当然といえる。

大学の新増設が続いて入学定員が増加、逆に志願者は減少して、必然的に訪れた大学全入時代で、大学生のレベルが落ちていることのほうが問題なのであろう。ただ、これはここ1、2年の問題ではなく、10年以上も前から騒がれていた。

やはり2010年からの就職氷河期の直接的契機は、大企業が正社員の人数を絞ったことにある。これからも構造的に就職氷河期は続くと企業側が主張するのなら、もう景気がよくなっても大企業は採用人数を増やすことはない、ということなのだろうか。もう一度好景気がくればはっきりすることである。

実態は40％台の就職内定率か

先に記した大卒の就職内定率68・8％という数字が今やシンボルになっているが、東京を除く首都圏の中堅私大の就職担当のキャリアセンター職員の話では、実感として内定率はもっと低いのではないかという。

この68・8％という数字は、厚生労働省が全国の62大学（国立21校、公立3校、私立38校）の就職希望者に内定状況を聞いたものである。全国の大学数778の1割に満たない学校数である。内定率を地域別に見ると、文部科学省のデータでは関東が72・1％、近畿が71・0％で、いちばん低い中部は61・7％となっている。

ところが厚生労働省の労働局が管轄内の大学にヒアリングで質問したら、もっときびしい数字が出た。たとえば同じ2010年12月に埼玉県は大卒内定率が46・1％、11月時点の千葉県は40・2％という数字になっている。こちらはほとんどの大学に聞いており、全体の状況に近い数字である。

同じ関東でも東京と埼玉や千葉では地域格差があるとしても、その差が大きすぎる。東京地域の大学へのヒアリングはないので断定できないが、関東の72・1％はやや高すぎる数字のように思える。

このように官庁によっても、就職内定率の数字には違いが出てくる。学生へのアンケートといっても、その時点で内定が取れていない学生に答える余裕があるだろうか。また大学の就職課もキャリアセンターも、大規模大学ほど、大学ではなくネットに頼って就活している学生の全容はとらえていない。内定を取れても取れなくても連絡してこない学生が、かなりいるからだ。厚生労働省のヒアリングでも、大学サイドの情報であるから、その点を踏まえなくてはならない。

現実には公表された数字より実態はかなりきびしいと考えたほうがよいであろう。特に中堅企業以上の正社員への就職は狭き門になっており、内定を取れない大学生は、相当数にのぼると思われる。

中小企業をねらえというけど、リスクは誰がとるのか

きびしい就職状況に対して、従業員数1000人以下の中小企業では大学卒の有効求人倍率が約2・5倍もあることから、学生と企業のミスマッチを指摘する声もある。大企業ばかりをねらわないで、もっと将来性のある中小企業に目を向けよ、というのである。このミスマッチ論はマスコミ受けする論調で、大企業ばかりをねらう学生を批判するスタンスである。

しかし学生の立場から考えるとどうであろうか。

就職情報会社「毎日コミュニケーションズ」が、2012年春に卒業予定の大学・大学院生約1万人に聞いたところ、企業志向として、「やりがいのある仕事であれば中堅・中小企業でもよい」＋「中堅・中小企業がよい」が、全体で前年比5・8ポイント増の53・4％と半数を超えている。これは11年ぶりのことだ。

実はここ2年、大手志向は減少に転じていた。特に女子が積極的である。男子はまだ中小企業を選択してもよいとする者は、文系・理系ともに50％未満であるが、文系女子は

60・3%、理系女子は58・2%と積極的である。女子のほうが大手企業就職はきびしいという認識なのか、あるいは保護者からの圧力が男子より弱いという事情があるのかもしれないが、フロンティア精神があるともいえる。

ただし、その中小企業を選ぶとなると、就活している学生は情報弱者になっているのが現実だ。大学生を中心に若い世代の就職問題に取り組むNPO法人POSSEの首都大学東京の学生、寺岡秀さんも、中小企業の正確な情報がつかみにくいと話している。どうも学生はネット世代で情報に強いようでありながら、「2ちゃんねる」のような裏情報に流れやすい。ブラック企業の情報もその一つ。それが事実かどうかを確かめる手立てもない。

その点で、大手には労働基準法を無視したブラック企業は少ない、介護や育児の休暇など福利厚生は大企業ほど充実しているなどの利点があり、さらに将来転職する場合に、職歴のスタートが名の知れた企業かどうかが成否に大きく影響する。これらは研究熱心な学生ほどよく認識している。学生の大企業選択は単なる有名志向ではないのだ。

「BtoB」か「BtoC」か、企業の性格を見極める

就職活動をしてきた学生の話を聞くと、なかなか面白い。

「ＢｔｏＢ」（Business to Business、企業相手のビジネス）と「ＢｔｏＣ」（Business to Customer、個人消費者相手のビジネス）とで企業の対応が分かれるという。テレビのＣＭやマスコミのニュースや実際の消費活動で、学生もＢｔｏＣの企業はよく知っている。しかし、日常生活で接することの少ないＢｔｏＢ企業はよく知らない。だから学生も企業情報をよく調べ、ＯＢ訪問もしている。

面接を担当する採用担当者も、将来顧客になる学生に対して、ＢｔｏＣ企業は低姿勢で、断るにしても自社の好印象を残そうとする。ところがＢｔｏＢ企業はそうした配慮がないのか「上から目線」の担当者も多く、学生はよい印象を持てない。よく調べれば将来性もあり、従業員を大事にする中堅企業も少なくないだけに惜しい。

ただＢｔｏＢ企業の将来性の評価は、正確な情報開示がなければ、プロの投資家でも失敗する。特に学生に将来性のある中小企業を見つけろ、というのは無茶というもの。それだけのリスクを学生に要求するなら、公的なセーフティネットをつくるべきだ。

「リクナビ」や「毎ナビ」などの就活サイトに金をかけて掲載できるのは、大企業ばかり。法政大学のキャリアデザイン学部の児美川孝一郎学部長は、リクナビと同じような公的な中小企業採用活動サイトの創設を提案する。ブラック企業のように問題のある場合は、そのサイトから削除すればよい。削除の知らせも貴重な就活情報となる。

就職情報の紹介サービスとしてハローワークのネットがあるが、使い勝手があまりよくない。大学や短大の就職課やキャリアセンター、各地の商工会議所などともネットワーク化して、学生が就職して喜ぶような将来性のある中小企業に人材が集まれば、地域経済も活性化するであろう。

大学のセールスポイントの一つ、就職率のからくり

ひとくちに就職率といっても、いろいろな数字の取り方がある。

それぞれの大学発表でも、就職内定者に派遣や契約社員などを含めるのか、就職希望者から就活に失敗して大学院に進学した者や海外留学する者、あるいは家事手伝いの者を除くのかなどで、かなり数字が変わる。

進学・就職者数といった卒業後の状況についても、大学院進学や海外留学を除いた卒業予定者のうち、任期付き臨時職員やアルバイトを除き正規雇用が何名いるか、という実態を正確に反映した数字をつかむことが必要だ。それが大学の実力を見る一つの目安になる。

この規定が標準化すると、各大学の就職実態とその比較が明らかになる。

正確な数字の公表を嫌がる大学も多いだろうが、受験生や保護者、高校の先生には、大学の実力をより正確に知るデータとなろう。

そこで、単純に卒業生から大学院進学者を除いた数字を分母に、上場会社など有力企業400社に就職した者を分子にした就職率を見てみよう（教育情報会社「大学通信」2010年度調査）。単位はパーセント。

——国立大学の上位には、

①一橋大学（東京都）52・0
②東京工業大学（東京都）44・8
③電気通信大学（東京都）34・4
④大阪大学（大阪府）31・2
⑤名古屋工業大学（愛知県）30・7
⑥京都大学（京都府）30・5
⑦東京大学（東京都）28・6
⑧九州工業大学（福岡県）27・5
⑨東京外国語大学（東京都）26・5

⑩神戸大学（兵庫県）26・3
⑪東北大学（宮城県）23・5
⑫豊橋技術科学大学（愛知県）22・8
⑬千葉大学（千葉県）22・3
⑭小樽商科大学（北海道）22・2
⑮名古屋大学（愛知県）18・8
⑯横浜国立大学（神奈川県）18・0
⑰長岡技術科学大学（新潟県）16・3
⑰京都工芸繊維大学（京都府）16・3
⑲北海道大学（北海道）16・0
⑳九州大学（福岡県）15・3、などが入っている。

――公立大学では、

①国際教養大学（秋田県）28・3
②首都大学東京（東京都）20・9
③大阪府立大学（大阪府）18・5

④大阪市立大学（大阪府）17・6、がランクインしている。

――私立大学では、

①慶応大学（東京都）40・9

②豊田工業大学（愛知県）34・2

③東京理科大学（東京都）31・9

④上智大学（東京都）31・1

⑤早稲田大学（東京都）30・1

⑥学習院大学（東京都）27・8

⑦同志社大学（京都府）26・4

⑧学習院女子大学（東京都）25・7

⑨東京女子大学（東京都）24・4

⑩日本女子大学（東京都）23・4

⑪立教大学（東京都）23・2

⑫国際基督教大学（東京都）22・9

⑫芝浦工業大学（東京都）22・9

⑫聖心女子大学（東京都）22・9
⑮関西学院大学（兵庫県）22・7
⑯津田塾大学（東京都）22・2
⑰青山学院大学（東京都）21・2
⑱成蹊大学（東京都）20・1
⑲明治大学（東京都）20・0
⑳中央大学（東京都）19・2、となっている。

私立大学は東京が多い。この後に立命館大学（京都府）18・9、東京都市大学（東京都）18・5、南山大学（愛知県）17・3などが挙がっている。

傾向として、やはり偏差値ランク上位校が顔を出しているが、上智大学や、国際教養大学、立教大学、国際基督教大学などは、グローバリズムの進展で語学に強い人材をという企業のニーズを反映したものであろう。ただし全般的にランクの順位は同じ程度でも、2007年などと比べ就職率はダウンしている。やはり就職氷河期の影響はあるようだ。

工業系単科大学は数年前まではメーカーから求人が多かったが、最近の不況でやや求人数が減少している。400社限定の大手企業では採用人数を絞り込んでおり、全般的に就職率はダウン気味だ。

また相変わらず学習院女子大学、東京女子大学、日本女子大学など名門女子大学の就職率ランクは高い。ただこれらの女子大学も金融機関の一般職採用減が影響し、就職率は前年比で下がっている大学が多い。

この就職率も上場企業など400社を対象としているものであり、地方の未上場ではあるが伝統のある小規模企業などは数字に反映されていない。

押し寄せる志望者の足切りは、やはり大学ブランド

長びく不況を受け企業が採用を大幅に絞ったため、2011年に続き、2012年春に卒業する新4年生の就職戦線がヒートアップしている。

なかなか就職が決まらない先輩を見て焦りまくり、ともかくエントリーシートを書いては送り、200社ほどに提出した学生も珍しくない。最近はネットで簡単にエントリーできるところも少なくない。その結果、採用人数を減らす企業でも志望者が増え、志望倍率がどんどん高くなっている。なかには数万人ものエントリーを受けた企業もあるのだ。だから企業側も殺到するエントリーシートを見て、一定の大学ラインで足切りする。

ネットで会社説明会に出席の申し込みをしたときに、大学名を「東京大学」と書き込んでみたら、すぐに会社説明会の「空きがある」となったのに、自分の大学名をいれたら門前払いになったという経験談は、よく聞く。

大手企業サイドからいえば、これほど応募者が殺到すると、すべての人を説明会に参加させるわけにもいかず、ましてや事前面接はできないので、どうしても選別することになる。その選択の基準として、客観的なものさしはやはり大学のブランドになる。ともかく受験で努力して、その大学に合格したことは間違いないのであるから……。

だから卒業して3年間以内の学生は新卒扱いに、という最近の動きに対して、某大手電気メーカーの人事担当部長は、卒業したあとの2~3年間の経験は、たとえばJICAで国際協力活動をしていたとか、はっきりした活動実績があるような場合は別にして、どうも評価しようがない、と困っていた。結局、大学のブランドでしか判断しにくい、という。

もちろん有力なコネがあればエントリーシートではじかれることはまずないし、面接で落ちこぼれ扱いされることもない。またブラック企業を見分けるにも、その業界に詳しい人がいれば役に立つ。そんなとき、保護者の人脈が生きてくる。

ある会社の説明会場で、学生が説明を聞いても乗り気になれなくて退出しようとしたところ、ドアの前にサングラスでオールブラックファッションの、どう見ても暴力団系らしき数人に取り囲まれ、出るに出られず泣きたくなった、という経験談もある。周囲からの事前情報がしっかりしていれば、そんなこわい目に遭わなくてすむだろう。

まさに就活は家族あげての総力戦になっている。

WEBテストのカンニング多発

説明会に参加するのもPCタッチの差だ。最近はWEBテストと併用する企業もある。WEBテストは採用予定のある企業の約6割が実施している。PCを使って、インターネット上で受験する採用テストである。

ソニーやみずほFGなどの大手企業だけでなく、ベネッセコーポレーションや公文など女子学生に人気の教育系企業でも採用されている。ベネッセなど倍率の高い企業の場合は、このWEBテストではじかれてしまう学生も少なくない。

ところがこのWEBテストが不正カンニングの温床となる現実がある。

自宅で受験できる就職WEBテストでは、本人でなく他の人でも回答可能だ。ただし1問5秒ぐらいのスピードで答えなければならないので辞書などは使えない。出題分野によって英語に強い人、自然科学の知識がある人、一般常識が広い人など、「リレー式替え玉受験」ができる。

実際に家族と親類を総動員して、うまくWEBテストをクリアした女子学生の実例もある。大学のPC教室では、英語は帰国子女、自然科学は理工学部生、一般常識はマスコミ大手受験者が、持ち回りで答えている風景も見られるという。

ある公立大学の女子学生は「企業もモラルハザードよりも、友人をチームで動員できるコミュニケーション能力を買っているのでしょう」と皮肉る。彼女はまじめに一人で取り組み、不合格だった。

まさに虚々実々の就活なのだ。

深刻な就職戦線脱落の学生たち

会社説明会への登録申し込みさえ「満員終了」とはねられてしまう、いわゆる私立大学下位校とされる大学の学生は、特に、学歴差別をモーレツに感じているであろう。

さらに、私立学校振興・共済事業団の調べでは、4年間で累積10％も発生する私立大学中退者（専門学校、短期大学、国公立大学を入れると中退者は約10万人ともいわれる）にとって、大企業の正社員への就職は、ほぼ閉ざされたのも同然だ。

就活の早期化や卒業3年目までの新卒扱い、大学卒の内定率低下など大学新卒の就活ばかりにマスコミは関心を寄せているが、真の問題は大手企業就職戦線からの脱落層である。そこに公的な中小企業求人サイトが必要とされる大きな理由がある。

ただ大企業がだめだから残る選択肢としてやむをえない、という姿勢では、本人も求人を出す中小企業も不幸だ。終身雇用制や年功序列の職業社会が崩れつつあるという前提で、新しい社会構造の中で自分の能力、適正に合う仕事を見つけようという態度を学生に身につけさせることが大切であろう。

現在ではブランド大学に入れるかどうかで、まず就活のスタートラインが決まっている。それをくつがえすには、高卒時の進路選択が重要となる。将来の職業生活設計を基本に、学部学科選びから志望校選択まで、しっかり自分で考えさせる教育が大切になってくる。

山形県のある高校の総合科では、長い実績と先生の努力で内定率100%近くを確保するものの、離職率が高く、その努力が報われないと担当の先生が嘆いていた。2006年度に就職した高卒就業者の離職率は、厚生労働省の調べでは44・4%になっている。大学卒は30%強である。

せっかく就職しても長続きしない。この離職率を下げることが肝要である。大学でのキャリア教育は盛んであるが、高校では職業高校以外でのキャリア教育は注目されていない。「自分探し」というような抽象的な内容が多いからともいえる。高校生の時から、労働法制も含めた実践的な権利意識を持たせるキャリア教育の必要があると思う。

就職関係NPOの学生代表が「大学生でも労働基準法の基本知識をほとんど知りません」と発言していた。離職率の低い職場をつくるには、労働者の人権が尊重され、働きやすいことが欠かせない条件である。これも高校レベルで教えるべき社会人の基礎知識というべきであろう。

現状でも、中小・零細企業では、サービス残業強要はもとより、経営の都合で一方的に解雇が行われている事例は多い。それなのに労働者が法的な手段に訴えて撤回させたり、補償を獲得したりすることは少ない。労働裁判は判決確定まで時間がかかり、ほとんど即効性がないからだ。結果として、「泣き寝入り」になっている。このような企業では労働組合がないことが多い。

職場における自分のセーフティネットは他人任せではつくれないのである。労働法規はもちろん、組合の存在意義などをキャリア教育の一分野として教えることも大切である。

こうしたセーフティネットが充実すれば、大学生も含めて中小企業への心理的抵抗感も薄まる。働くことの意義も考えるようになるだろう。

中小企業でもコンプライアンスが求められている現在、法律的知識をしっかり持った従業員が増えることは、将来、経営にもプラスになるはずだ。

公務員人気は過熱気味だが……

不況が長期化して何よりも安定が一番、というわけで、保護者はもちろん、学生本人も公務員を希望する者が増えているといわれる。

有名企業並みの競争率を示す地方自治体もある。脱・公務員試験を宣言した神奈川県の茅ヶ崎市役所では、２０１０年の大卒事務職20人採用に１０３７人が受験し、合格者27人、競争率は38・４倍だった。

また、神奈川県、千葉県、埼玉県などの県庁よりも、横浜や川崎、千葉、浦和など首都圏の政令指定都市のほうが人気がある。これは勤務地域が狭く限定され、住民と接する機会も多く、やりがいのある仕事が望めるからだという。試験の実質的な難易度は、国家公務員Ⅱ種と同ランクだといわれる。

地方公務員試験は各地方自治体が、上級（大卒程度）、中級（短大卒程度）、初級（高卒程度）に分けて、独自に行う。採用の方法は各自治体によって異なる。

地方公務員の採用状況を見ると、地方では地元の有力国立大学が採用者数のトップを占めることが多い。北海道では北海道大学、東北では東北大学、関西では京都大学、中国地方では岡山大学、九州では九州大学だ。ただ、関東甲信越では私立の中央大学がトップで、東海でも愛知大学とトップ争いだ。中央大学は地方公務員に強いという定説は正しかった。東京大学はどこでも上位に食い込んでいる。

国家公務員の場合、キャリア養成のⅠ種試験は、合格者数・省庁採用決定者数でも、東京大学がダントツ。旧帝大系や早慶が続く。一時、官僚バッシングで人気が落ち、高給の外資系企業に人材が流れたが、リーマンショックでまた戻ってきた、といわれる。

ノンキャリといわれるⅡ種は私立大学ＯＢも多く、早稲田大学、中央大学、立命館大学などが、上位常連組である。特に地方の出先機関などで実務を担う。地方採用は地元の国立大出身者も多い。

国家公務員試験には基本的に一次試験と二次試験があり、一次試験では主に教養（一般常識）、専門知識（法律・経済など）、論文試験、二次では主に面接、身体検査が行われる。

公務員試験に合格すると、成績順に「採用候補者名簿」に登録される。採用は各省庁からの請求に応じて高得点者から人事院が推薦していく。

公務員試験も、人物重視の傾向が強まっている。昔は一次試験合格で、ほぼ採用といわれていたが、最近では一次で比較的多めの合格者を出し、二次の面接によって絞り込む。志望動機や本人の態度や能力、素質が重要な判断材料となってきている。

国家公務員は、一次試験が終わった段階（合格発表後ではない）で、ほとんどの人が官庁を訪問する。そこで選別されることが多い。優秀な学生ほど他庁を訪問できないように細かい時間設定をされたり、時にはかんづめ状態に置かれる学生もいるという。

この国家公務員の就職に関して、2006年に人事院が注目すべき緩和措置を採用した。2005年までは、国家機関の地方幹部の採用試験であった国家公務員Ⅱ種の合格者は、霞が関などにある中央官庁に就職訪問して面接を受けることができなかったが、2006年から解禁され、Ⅱ種合格者でも訪問できるようになった。これは地方の国立大学の公務員希望者にとって吉報であった。

官庁訪問によって各省庁の業務内容を把握したり、それぞれの採用状況を知ることができたりするメリットがある。役人は企業人と違って、その真意が割と正直に態度に出るという。事前にアポイントメントをとるときに、その雰囲気がわかるという学生もいる。

2008年に成立した国家公務員制度改革基本法で、2012年度から採用試験の内容がこれまでと大きく変わる予定だ。現行の国家Ⅰ種・Ⅱ種試験が廃止される。高卒程度のⅢ種も廃止し、新たに「総合職」「一般職」「専門職」区分による採用試験を導入することになっている。

大学卒業程度のⅠ種やⅡ種にあたる幹部候補は、育成課程がつくられ、そこで研修を受ける。その課程に参加できる者は、採用されてから一定期間の勤務経験を経た職員の中から選ばれる。本人の希望および人事評価に基づいて行うものとなっている。

企業に注目される地方国立大学OB

地方国立大学生にとって、弱点といわれるのが就職活動だった。ところが、最近とみに各国立大学のキャリアセンターが充実している。東京にサテライトを開設している大学も少なくない。各企業の説明会を学内で開いたり、近くの地方中心都市で、企業合同説明会や合同採用面接会などが開かれるようになった。

リーマンショック前には、優秀でまじめな地方国立大学生を求めて、大手企業が争奪戦を繰り広げた。2007年当時はJALが、全国の地方主要国立大学で会社説明会を開催したほどだった。他の大企業も積極的だった。そのため地方各県の同県内就職率が低下する現象が起き、地元企業が苦い顔をすることもあった。今ではあまり想像できないことではあるが……。

教育情報会社「大学通信」が2009年、1000人以上の卒業者が出る全国の大学で、就職率の高い順を調査した結果、実に上位に地方国立大がずらりと並んだ。算式の分母が就職希望者でないところがミソ。卒業者から大学院等進学者を除いた数字である（単位はパーセント）。

①国際医療福祉大学（私立・栃木県）96・2
②福井大学（国立・福井県）94・3
③九州工業大学（国立・福岡県）93・9
④名古屋工業大学（国立・愛知県）92・6
⑤東京工業大学（国立・東京都）91・3
⑤岐阜大学（国立・岐阜県）91・3
⑦名古屋大学（国立・愛知県）90・1

⑧芝浦工業大学（私立・東京都）89・8
⑨東京理科大学（私立・東京都）89・7
⑨愛知工業大学（私立・愛知県）89・7

工学系は大学院進学率が高く、学部での就職希望者が比較的少ない。また就活に失敗したら大学院へいく層もいるので就職率が高くなるのは、ある程度、予想内である。

またトップの国際医療福祉大学は薬学部があり、4年制最後の薬剤師ということで就職は好調であった。ほかの薬科大学も同じような傾向が見られるが、1000人未満のためカウントされなかっただけのことである。

その点を考えれば、福井大学と岐阜大学はすごい。

福井大学の就職率好調の秘密は

有力企業に限らず、すべての企業を対象にした就職率でも、毎年トップクラスの福井大学は、全国紙に「就職に強い福井大学」というPR広告を打った。企業の採用担当者、高校の先生、大学受験生とその保護者から注目を浴びている。就職状況がよければ、地元だけでなく近県からも志願者が集まり、より優秀な入学者を確保できるので、福井大学も積極的だ。

同大学では、就活する学生のPCや携帯に求人票を登録して、求人情報や激励メールを打つ。内定が取れない学生には追加方法を文書で送る。さらにリーマンショックの後は、「1日1社」の割合で学内で企業説明会を開く。年間110社に及ぶという。2010年からは新たに、公務員やサービス業、製造業、金融・保険業、情報通信の5分野に分けて、OBを招いて情報交換会を開いている。バスを使った企業訪問も始めた。

その就職指導は、特にユニークというわけではない。どの大学でも取り組める内容であるが、学生一人ひとりを巻き込む説得力と情報伝達能力が決め手となる。そのため、学生には次のようなポイントを指導している。
・早くからしっかりした職業観を持つこと
・就活活動は早くスタートして積極的に活動し9月末には決める
・面接とエントリーシートはねらった企業に合わせて具体的な対策を立てる
・大企業ばかり選ばず将来性のある中小企業もターゲットにする
・必ず正社員という決意でいく
以上が内定をゲットするポイントとなっている。

業界研究講座や女子学生のメークアップ講座などきめ細かい指導も行う。また、なかなか内定がもらえない学生のフォロー講座も開設した。私立大学ではこうした指導は珍しくないが、人数が多いだけに一人ひとりというわけにはなかなかいかない。

もともと国立大学の学生は5教科7科目のセンター試験をクリアしてきただけに努力家で、文理系にわたって最低限の基礎知識は持っている。大都市の私立大学生と違ってハッタリをきかせず素朴でまじめ、という印象があり、採用官も好意を持つことが少なくない。公立高校出身者が多く、地味で勉強をコツコツする地方国立大学生は、伸びしろが大きい。また大学自体も、以前よりキャリア教育や就職指導に本格的に取り組み、そのスタッフも充実してきている。福井大学や岐阜大学が典型例である。

今まで国家公務員で事務方であった職員も、法人化で原則的に法人職員となり、自学の学生の就職実績を上げようと懸命で、サポートも充実している。また外部からもITや国際関係の専門家を採用する事例も増えている。

法人化1期目2004〜2009年度は、従来の国立大学という国家機関からの転換に苦心してきたが、これからは今までの努力を実りあるものに変えていかなくてはならない。大学づくりは、そうした力の結集なくしては不可能である。高校の教員に対する大学側の期待も高まっている。

女子大はネットより学校が確実な情報源

例年、就職率ランキングで、上位に顔を出すのが、有名女子大学である。財閥系の有名企業などで、男子社員の配偶者として遜色のない女性を選ぶという婚活風の採用は、もう昔話。男子学生のいない女子大でリーダーシップを発揮している人材は、企業にとっても戦力になる。男女雇用機会均等法によって、女性の社会進出が定着したことも大きい。

これらの女子大は、多くは伝統があり、ＯＧが有力企業で活躍している実績がある。さらに女子大特有の就職指導やキャリア支援として、独自のきめ細かいサポートがあることも見逃せない。その点について、東京女子大学のキャリアセンターに話を聞いたことがある。

共学の大学の求人では、男子採用のみというホンネを隠した求人が来て、それを知らずに応募した女子学生が就活でロスをするという話を聞くが、もちろん女子大ではそのようなことはない。その女子大の学生がほしいから求人してくるのである。

東京女子大学では、昔からお付き合いのある有名大企業も多く、求人倍率も高いので、就職氷河期でも特定の企業や職種にこだわるようなことがなければ、ほぼ就職できる。「これも家庭と仕事や社会的活動を両立させてきた先輩たちが実績を残してくれたおかげだと思います。現在の学生も、家庭と仕事は選択するものでなく一体として当然なこととして考えています」と喜ぶ。

キャリアセンターの課員が9月下旬から、それぞれ学科の担当を決め、内定の連絡が来ない学生一人ひとりに電話する。内定をもらっても、キャリアセンターに連絡してこない学生もいるからだ。課員1人当たり200人弱になることもあるという。学生1人ごとのカードを作り、就職状況の把握に努めるのだ。

電話の時点で、まだ内定をもらえていない学生もいる。秋口の段階では、ほぼ20％弱の学生は未定で、「あなた向きのこんな求人が来てるけれど、どうですか」というように個別の希望や適性に合わせてアフターケアをした結果、その段階で10％以上は決まる。

それでもなかなか決まらない学生は例年8％ぐらいはいる。さらに努力を積み重ねて最終的に就職希望者の就職率を98％ぐらいに押し上げていくという。

学生の個性もさまざまになっており、就活にもそれが反映される。現在、就職に内定をいくつも取る学生とまったく取れない学生とに二極化しているといわれるが、女子学生の場合、何が何でもその仕事や職種でなくてはいやだ、というタイプも少なくない。彼女たちは内定がとれなくても、元気はつらつ、希望職業を目指して就活に頑張っているという。そういう生き方ももちろん否定しない。必要なときにはサポートすればよい。

まさにほかのマスプロ総合大学では、やろうと思ってもできない、きめ細かい就職指導を行っているのである。

新しい職業構造に対応した大学教育を

日本経団連が2010年9〜10月に会員企業などを対象に実施したアンケートによると、大学生の採用に当たって重視する素質や能力として挙げているのは、5点法で「主体性」4・6、「実行力」4・5、「コミュニケーション能力」4・5となっている。また最近の大学生に欠けている素質としては、「主体性」、「職業観」、「実行力」が挙げられた。欠けている知識や能力では、「創造力」、「産業技術への理解」、「コミュニケーション能力」となっている。

採用する企業の立場から大学教育に期待しているのは、文系・理系ともに「論理的思考力や課題解決能力を身につける」がトップで、続いて文系は「チームを組んで特定の課題に取り組む経験」「実社会や職業との繋《つな》がりを理解させる教育」と続いている。理系は「専門分野の知識を身につける」「チームを組んで特定の課題に取り組む経験」となっている。文系に対しては、理系ほど専門分野の知識や能力を期待していないようだ。

昔とそう大きな変化はないが、企業を背負って立つゼネラリストよりも、専門性の高いプロ志向がやや強まっている印象を受ける。

大学進学率20％の1960年代の昔、企業が大学卒に要求したような経営者候補の管理職や高度な専門職に対するニーズは減り、多様化した。人口減で国内市場は縮小して低成長経済となり、さらにグローバリズムの波に洗われ、大手企業でも終身雇用と年功序列制は崩れつつあり、職業社会が様変わりしていることは確かであろう。

東京大学名誉教授の金子元久教授（現国立大学財務経営センター教授）は、「現代社会は大学に対する要求が著しく多様化し流動化している。そうした事態に対処するには、個々の大学が独自に社会的要求をとらえ、それに応える方策を考えるほうが有効だ。その意味で、国立大学の法人化は避けられなかった。評価の手法や学内統治（ガバナンス）など、いろいろな問題点を含みつつも、グローバル化が進み大学教育も海外とのはげしい競争に勝ち抜くためにも、大学自体の競争力をつけていく必要がある」と主張している。

そして、大学と企業社会の接続に関しても、次のように指摘する。

「今の大学がやるべき仕事の一つは、従来型の職業構造でなく、これからの職業構造に対応できる基本的な力を学生に与えることだと思います。従来型の職業に結びつけるようなキャリア教育でなくて、新しい職業構造の中で仕事を見つけて働けるような態度を学生に身につけさせるような教育ですね」

しかし、実際は新しい職業構造とはどんなものか、大学だけでなく企業人も暗中模索の状況にあるといってよい。

コラム6

採用面接珍風景

採用面接といっても、基本は対等な雇用契約を結ぶためのものである。そんな社会的常識が欠落した企業人も少なくないようだ。学生が驚き、あきれてしまうような場面もしばしばあるという。

面接官が学生に高姿勢で詰問する、いわゆる圧迫面接は、むしろよいほうだ。賢い学生は、その質問の意図がよく理解できるからだ。

実際に学生から聞いた事例では、

「結婚しても仕事を続けたいなら、どのように育児と仕事を両立させるのか、具体的に話しなさい」

「君の考えは甘ったれだ。それで社会に通用すると思っているのか」

「そんなに研究が好きなら、なぜ大学院に行かないのか」

「体育会系だけど、本当に勉強してきたの。スポーツ馬鹿はいらないよ」

非礼な質問に聞こえるが、学生のやる気やガッツを見ているのだとは企業側の言い分だ。企業へのクレーマーや無茶な要求をするお得意先に対しても、冷静に対応できるかどうか、心理的態度を見ようとでも考えているのだろうか。

学生に酷なのは、企業の面接官に採用のプロとは思えない粗暴な態度が、最近増えたことだ。

リーマンショック以降、熟達した採用担当者の人数も減っており、十分な研修もしないまま現場の管理職に面接を任せる企業も少なくない。彼らのなかには、セクハラ・パワハラまがいの言動に出る者も少なくない。実際に本人や友人が体験した、これはひどいと思われるケースを挙げてみよう。

・容姿のきれいな女子学生を立たせて、くるりと回らせた。

・同じ質問を何度も繰り返し、男の学生はキレるまで、女性は泣き出すまで執拗に続けた。

・面接の最中に面接官が携帯でメールを打っていた。

・時期が遅い2回目か3回目の採用試験で「落ちこぼれを拾ってやってるんだ」といわれた。

これでは乱暴というより、投げやりな印象だ。学生にとって採用面接会場は、人生最初の貴重な社会経験の場であり、インターンシップでは学べないことばかり……なのかもしれない。

大学も分化し発展していかねばならない

2010年12月に東京大学安田講堂で催された、公開シンポジウム「大学教育と職業との接続を考える」第2回「大学教育と産業社会の関係について考える」に出席して、大学の持つ社会的役割が非常に分化していることを強く感じた。

東京大学大学院工学系研究科長・工学部長の北森武彦教授は、博士課程に昔のようには人材が集まらない現状で、国際競争力を支える科学技術の発展に危機感を持っているという。日本のノーベル賞レベルの研究成果も単に商品開発に終わっており、欧米のように、それをベースに市場を創造するまでに至っていない。

大学の研究成果が活かし切れていないのである。そこで企業の意欲ある50代の人たちと研究会を立ち上げたいと思っていると話す。同研究科では、まさに大学の研究活動の成果を通して産業立国をリードする人材を育成しようというわけだ。エリート養成といってよいだろう。

その一方、同じシンポジウムに出席していた居神浩・神戸国際大学教授は、自分が所属している大学を弱選抜型（競争性が高くない）とみなす。そして、その大学の役割として、職業訓練を通じて学生の職業自立の道を追求し、その土台となる基礎学力の保証とソーシャル・スキル・トレーニングの必要性を訴えている。すなわちビジネス基礎能力を身につけさせる大学の教育機能を重視している。現実のビジネス社会を支える職業人の養成に力点をおいているわけである。

東京大学の理Ⅰか理Ⅱに合格して博士課程から研究者の道に入るのか、中堅私立大学でビジネスマンになるための基本知識や態度、スキルを身につけるのか、学生によって求める将来の進路希望はまったく違う。

全国すべての大学が、昔からのエリート養成の教育研究モデルを追求してもムリがでる。進学する多くの高校生もそんな幻想は持っていない。高校の先生は、生徒がすぐに就職するのなら、自立した職業人になってほしいと思っている。中堅の私立大学に進学する生徒に対しても同じ思いであろう。

社会がそれぞれ大学に求めている要求内容は非常に多様化している。また大学においても、自学の社会的役割に対する自覚と責任が分化し、一括《くく》りにできないのが現実である。研究成果を挙げれば、それがおのずと学生の教育になっている、という考えは、研究大学院大学か、一部の大学院博士課程のものとなっている。学部レベルでは、やはりそれぞれの学生の個性と能力に合わせて、学問的手法と基礎知識、課題の発見と解決の能力などを身につける指導をすべきではなかろうか。

受験生も保護者も、そして社会も、大学進学率が10％台であった1950年代に形成された「大学＝社会的エリートを育てる教育研究の場である」という単一なイメージから抜け出す必要がある。そうしないと、大学が養成する人材が、変化する社会の構造変化に対応できなくなってしまう。

おわりに

ある私立大学薬学部を取材で訪問したときのことだ。平日の昼下がりなのに、広いキャンパスに学生の姿が一人も見えない。まるで小・中・高校の、授業時間中の校庭のようだった。用務員のおばさんに聞いたところ、みんな授業に出席しているという。今の学生は真剣でまじめだ。

学生だけではない。昔はお役人意識丸出しだった国公立大学職員が、キャリアセンターで就活の学生と一緒に求人ファイルを懸命にめくる姿をよく目にする。また、ある国立大学の責任者が「なぜ、わが新学部に取材に来ないのだ」と立腹するなど、かつては想像もできなかったことだ。

学生も大学人もそれぞれが懸命なのである。

10年以上前には「楽園《がくえん》」といわれた大学も変わった。そして今、その大学が沈没しつつあるという。中央官庁の「会議室の人々」に、いくら話を聞いても仕方がない。大学の現場の人たちの声をじかに聞くと、「消されてたまるか、生き残るぞ」という気概を感じる。自分がいるこの大学が若い世代と、そして地域の人々にとって大きな存在価値を持っているという誇りを実感する。その思いを本書で伝えることができればと筆をとった。

本文中で繰り返し述べたように、現在、進学率は上昇しているものの絶対数が過剰となり、大学は全入状態となっている。いかに多く優秀な受験生を集めるか、それが入学定員充足率100%をキープし、定員割れを回避する大学経営の基本だ。

しかし、志願倍率が高くても合格者の入学手続き率が低ければ意味がない。合格者に自学を選んでもらうことが大切だ。生き残りをかけた大学の闘いは、さらにきびしさを増していくことだろう。

本書は、現代の大学がサバイバルに必死になっている実態にアプローチしたものである。なるべく現場へ行って、大学関係者や学生などに直接取材することを心掛けた。

取材に協力していただいた各大学の学長・副学長や教職員の先生、さらに大学生の皆さんに感謝したい。出版の労をとっていただいた朝日新書の福場昭弘さんのご尽力にお礼を申し上げたい。

本書の編集作業が終盤に差しかかった3月11日、東北関東大震災が発生しました。犠牲になられた方々に深く哀悼の意を表するとともに、被災された皆様にお見舞い申し上げます。そして、被災地にいらっしゃる学生、大学関係者、受験生の皆様がこの困難を何とか乗り越えられますよう、心より祈っております。

二〇一一年三月

木村　誠

参考文献

①学研・進学情報（高校進路指導部教員対象の月刊誌）２００５～２０１０年10月号までの筆者取材記事など
②天野郁夫『国立大学・法人化の行方――自立と格差のはざまで』東信堂
③国立大学財務・経営センター『国立大学法人化後の経営・財務の実態に関する研究』
④『現代思想』２００９年11月号、「特集・大学の未来」青土社
⑤『教育』２０１０年3月号、「特集・大学はいまどうなっているか」国土社　教育科学研究会編集
⑥日本私立学校振興・共済事業団『今日の私学財政』大学・短期大学編
⑦国立大学協会『国立大学による地域貢献』
⑧国立大学協会『国立大学発　特色ある地域貢献』
⑨国立大学協会情報誌『ＪＡＮＵ』
⑩公立大学協会60周年記念誌『地域とともにつくる公立大学』
⑪公立大学協会『地域から世界に羽ばたく80大学の姿・公立大学２０１０』
⑫茂木俊彦『都立大学に何が起きたのか』岩波ブックレット
⑬「ＳＡＰＩＯ」編『マイケル・サンデルが誘う「日本の白熱教室」へようこそ』小学館
⑭社団法人日本私立大学連盟編『私立大学マネジメント』東信堂

木村　誠 きむら・まこと
1944年、神奈川県茅ヶ崎市生まれ。教育問題研究家。早稲田大学政治経済学部新聞学科卒業後、学習研究社に入社、『高校コース』編集部や大学受験指導センターなどを経て、『大学進学ジャーナル』編集長を長く務めた。現在も全国の大学関係者を取材し、最新の情報をもとに『学研進学情報』などで旺盛な執筆活動を続けている。

朝日新書
290
消《き》える大学《だいがく》 生《い》き残《のこ》る大学《だいがく》

2011年4月30日第1刷発行

著　者　木村　誠

発行者　首藤由之
カバーデザイン　アンスガー・フォルマー　田嶋佳子
印刷所　凸版印刷株式会社
発行所　朝日新聞出版
〒104-8011　東京都中央区築地5-3-2
電話　03-5540-7772（編集）
　　　03-5540-7793（販売）

Published in Japan by Asahi Shimbun Publications Inc.
ISBN 978-4-02-273390-0
定価はカバーに表示してあります。

落丁・乱丁の場合は弊社業務部（電話03-5540-7800）へご連絡ください。
送料弊社負担にてお取り替えいたします。